ESSAI HISTORIQUE

SUR

LE COMMERCE ET LA NAVIGATION

DE

LA MER-NOIRE.

ESSAI HISTORIQUE

SUR

LE COMMERCE ET LA NAVIGATION

DE

LA MER-NOIRE,

OU

Voyage et entreprises pour établir des rapports commerciaux et maritimes entre les ports de la Mer-Noire et ceux de la Méditerranée :

Ouvrage enrichi d'une carte où se trouvent tracés, 1°. la navigation intérieure d'une grande partie de la Russie européenne et celle de l'ancienne Pologne ; 2°. le tableau de l'Europe, servant à indiquer les routes que suit le commerce de Russie par la mer Baltique et la Mer-Noire pour les ports de la Méditerranée ; 3°. le plan des cataractes du Niéper.

———————

A PARIS,

CHEZ H. AGASSE, IMPRIMEUR-LIBRAIRE,

RUE DES POITEVINS, n°. 18.

AN XIII. — (1805.)

AVERTISSEMENT.

Avant le traité de Kaïnardgy, conclu
le 21 juillet 1774, entre la Turquie et la
Russie, les ports de la Mer-Noire n'a-
vaient de rapports de commerce qu'avec
Constantinople et l'Archipel. La plupart
des côtes de cette mer appartenaient au
grand-seigneur, et les autres au khan de
Crimée. Les vaisseaux ottomans pouvaient seuls les fréquenter, et naviguer
dans la Mer-Noire et dans la mer d'Azow.

Le commerce des ports de ces deux
mers consistait en denrées de toute espèce, nécessaires à l'approvisionnement
de Constantinople. Cette capitale leur
fournissait en échange diverses marchandises propres à leur consommation ; mais
comme la valeur de ces objets était très-
inférieure à celle des importations, l'excédent était payé en espèces.

Ce commerce subsiste toujours. Un autre plus important s'est ouvert pour ces
contrées depuis le traité de Kaïnardgy.

La Russie ayant obtenu de la Porte , par ce traité , la liberté de naviguer dans la Mer-Noire , concession à laquelle l'Autriche , ensuite la France et plusieurs autres puissances après elle , ont successivement participé , des relations commerciales et maritimes se sont établies entre les ports de la Mer-Noire et ceux de la Méditerranée. Ils font aujourd'hui un échange respectif de leurs productions naturelles et d'industrie. Celles de la Russie et de la Pologne s'exportent directement de la Mer-Noire à la Méditerranée par le canal de Constantinople , et trouvent un écoulement facile et avantageux par cette nouvelle route.

J'ai eu le bonheur de la frayer à l'industrie de mes compatriotes. J'y ai été puissamment aidé par le gouvernement ; il me fit partir de Constantinople en 1781 , et voyager dans la Crimée , la Russie et la Pologne. Je ne pus toutefois commencer mes entreprises qu'en 1783.

L'extension qu'a acquise le commerce de la Mer-Noire dans l'espace de vingt ans est telle qu'il a employé en 1803, neuf cents bâtimens de diverses nations. Cette époque est d'autant plus remarquable, qu'elle a eu lieu une année après la conclusion du traité par lequel SA MAJESTÉ L'EMPEREUR NAPOLÉON a fait accorder aux navires français l'entrée de la Mer-Noire.

Mais on assure qu'au lieu de donner des bénéfices, ce commerce a occasionné des pertes à la plupart des propriétaires de ces navires et de leurs cargaisons; et comme les négocians qui voudraient l'entreprendre encore seraient peut-être exposés au même sort par le défaut de notions mercantiles et nautiques sur cette partie peu connue jusqu'à présent, j'ai cru utile de rassembler en corps d'ouvrage celles que j'ai recueillies pendant mon voyage en Russie et en Pologne, et durant le cours de mes entreprises dans les ports et dans les provinces du midi de ces deux États.

J'ai joint au tableau succinct de mes opérations, celui des principaux événemens historiques qui intéressent ce nouveau commerce, un recueil d'observations sur la navigation de la Mer-Noire, et une carte topographique indiquant les différentes voies que suit le commerce de Russie, par terre, par les fleuves et par mer, au nord et au midi de cet Empire.

J'ai en outre le projet de faire graver un jour la carte marine de la Mer-Noire : je tâcherai de la rendre plus exacte que toutes celles connues en France.

Si ces diverses notions, si le précis que j'offre de mes travaux, sont de quelque utilité aux navigateurs dans leur premier voyage, aux commerçans dans leurs premiers essais, l'objet de cet ouvrage sera rempli.

TABLE DES CHAPITRES.

(x)

(xj)

FIN DE LA TABLE.

ESSAI

ESSAI HISTORIQUE

SUR

LE COMMERCE ET LA NAVIGATION

DE

LA MER-NOIRE.

INTRODUCTION.

Le traité de Belgrade, conclu en 1739 par
la médiation de la France, avait rétabli la paix
entre la Turquie et la Russie. Ce traité fut observé de part et d'autre pendant vingt-neuf
ans ; mais après cette époque de nouveaux différends étant survenus entre ces deux puissances, elles reprirent les armes. La Porte
prétendit que l'impératrice de Russie, par
son influence sur le choix d'Auguste III, roi
de Pologne, et en prenant un intérêt trop
actif aux affaires de ce royaume, avait agi
contre l'esprit des traités ; que, malgré leur
teneur, elle avait fait entrer en Pologne une

A

armée qui avait gêné les suffrages des Polonais dans l'élection d'un nouveau roi, et qui continuait à priver cette nation de sa liberté; qu'un autre corps de troupes russes, suivi d'un train d'artillerie, avait pénétré dans le territoire ottoman, y avait commis de grands ravages, et avait tué dans le bourg tartare de Balta plus de mille personnes, tant hommes que femmes et enfans.

Les explications que donna la cour de Pétersbourg sur ces divers points, ne purent détourner celle de Constantinople de ses projets de ressentiment. Elle fit arrêter, le 1er. octobre 1768, M. d'Obrescow, résident de Russie, le fit enfermer aux Sept-Tours, et déclara la guerre à l'impératrice.

Les victoires remportées par les Russes, sur terre et sur mer, pendant six campagnes consécutives, obligèrent enfin la Porte à demander la paix. Le traité en fut signé à Kaïnardgy le 21 juillet 1774.

Un des principaux avantages de ce traité et de la convention explicative du 10 mars 1779, au succès de laquelle concourut, par son entremise, M. le comte de Saint-Priest, ambassadeur de France à la Porte-Ottomane, consiste dans la liberté accordée par les Turcs aux Russes, de commercer et de naviguer dans la Mer-Noire , et de passer par le canal de Constantinople à la Méditerranée.

Le rétablissement de cette ancienne navigation est un événement remarquable dans l'histoire moderne : il a opéré dans le commerce une grande révolution. Très-rarement on voit la paix compenser par un peu de bien , le mal qu'a fait la guerre ; mais la manière avantageuse dont l'impératrice Catherine II a terminé celle qu'elle avait si glorieusement soutenue contre les Turcs , est le germe d'une telle prospérité , que le bien surpassera le mal. Ainsi la paix de Kaïnardgy , comme la journée de Pultava , produira la félicité des peuples russes et l'avantage de plusieurs autres nations.

Le projet de faire reprendre au commerce son ancien cours par la Mer-Noire , avait été conçu par Pierre-le-Grand. Le traité de Falksen ravit cette gloire à ce monarque créateur. Elle était réservée à Catherine II , dont les victoires ont effacé le souvenir de la malheureuse campagne du Pruth.

La Mer-Noire et la mer d'Azow , jointes l'une à l'autre par le détroit de Taman , et connues par leurs anciens noms de Pont-Euxin pour la Mer-Noire , de Palus Méotides pour celle d'Azow , et de Bosphore Cimmérien pour le canal qui en opère la communication, ont été ie centre du commerce le plus riche de l'Univers. Il avait été fondé par les Égyptiens et les Phéniciens, les premiers navigateurs connus. A leur exemple les Grecs cultivèrent ce même commerce ; ils furent imités à leur tour par les Romains, et de ces derniers il passa aux Grecs du Bas-Empire. Les Génois, après l'avoir porté au plus haut degré de splendeur en faisant de la Crimée l'entrepôt de leurs relations avec la Perse et l'Inde par la mer Caspienne, furent forcés, en 1476, de céder aux Turcs ce théâtre de leur industrie.

Les Ottomans, devenus seuls maîtres des côtes qui bordent ces deux mers, en fermèrent l'entrée aux autres nations, et ces régions qui florissaient jadis par le commerce, réduites à de simples relations avec Constantinople, tombèrent aussitôt dans cet état d'esclavage et d'inertie où sont plongés tous les pays soumis à la domination de la Porte.

CHAPITRE PREMIER.

Description du commerce de la Mer-Noire en 1774, époque où la liberté de naviguer a été accordée à la Russie par la Porte-Ottomane.

PENDANT trois cents ans, c'est-à-dire, depuis la conquête de Caffa par les Turcs en 1476, jusques au traité de Kaïnardgy en 1774, seuls ils ont navigué et commercé dans la Mer-Noire : ils en usaient comme de leur propre domaine, et c'était avec fondement, puisque tous les pays limitrophes leur appartenaient.

Au nord c'était la Crimée, les côtes de la petite Tartarie, sur la mer d'Azow ; à l'est, celles du Couban, sur la même mer ; la Circassie, l'Abaza, la Mingrelie, la côte des Lazes ou de Trébisonde ; au sud, l'Asie mineure, connue aujourd'hui sous le nom de *Natolie*, et à l'ouest la Romélie, la Bulgarie, le Dobrudzié, la Valachie, la Moldavie et la Bessarabie.

Ces différentes provinces fournissaient à Constantinople la plupart des denrées nécessaires à la consommation de ses habitans. Dans les saisons navigables, la Mer-Noire était couverte d'une quantité prodigieuse de grandes et de petites embarcations : les petites en formaient le plus grand nombre. Ces bâtimens importaient à Constantinople :

De la Crimée, par les ports de Kerch, Caffa, Baluklava, Bactcheserai, Gheuslevé, autrement Kosalow, beaucoup de laine, de cuirs secs et salés, de cire, de peaux de lièvres, de beurre, de miel, de caviar, de sel, d'orge, de blé, etc.

Des pays situés au nord de la mer d'Azow, par le port qui a donné son nom à cette mer et par celui de Taganrok, beaucoup de productions du crû de la Russie, telles que fer, toiles, chanvre, caviar, cordages, pelleteries, suif, blé, etc.

De la Circassie, par le port de Taman; de la laine, des cuirs salés, du caviar, du miel, de la cire, des pelleteries, des peaux de moutons, et divers articles à l'usage particulier des Turcs.

De l'Abaza et de la Mingrelie, du bois de construction, de la cire, du miel et une grande quantité de bois de buis.

De la côte des Lazes ou de Trébisonde, par les ports de Rizé, Trébisonde, Kiresoum,

Cerisonte, des toiles de lin, du fil de lin, de la cire, du chanvre, des cuirs de bœufs et de bufles, des fruits secs, un peu de soie et une grande quantité de cuivre.

De la Natolie, par les ports d'Ounia, Guenzé, Sinope, Eneboli ou Amasreh, du chanvre, du fil de lin, des cuirs de bœufs et de bufles, des fruits secs, du goudron, toutes sortes de bois de charpente et de construction en quantité, notamment des matières pour les vaisseaux de ligne.

De la Romélie, de la Bulgarie et du Dobrudzie, par les ports de Varna, de Bourgaz, de Roudsjouk et de Galaz, des blés, du riz, de la cire, du miel, des cuirs de bœufs et de bufles, du suif, du tabac, du fer, des peaux de lièvres, et des graines jaunes pour la teinture.

De la Valachie, par Guiorghow et Roudsjouk, situés sur le Danube, de la cire, du miel, des cuirs, de la laine, du beurre, du suif, du chanvre, du tabac, des peaux de lièvres et des grains de toute espèce.

De la Moldavie, par Galaz, situé sur le Danube, les mêmes articles que de la Valachie, et en outre des mâtures, des bois de construction et du goudron.

De la Bessarabie, nommée à présent le Budjiak, par les ports d'Akkerman et d'Oczakow, de la laine, des cuirs de bœufs et de chevaux, des peaux de chagrin, de la cire, du miel et des blés en très-grande quantité.

Telles sont les denrées qui arrivaient à Constantinople des différens ports de la Mer-Noire et de la mer d'Azow. Les marchands et les navigateurs qui exploitaient ce commerce, exportaient de la capitale toutes sortes de marchandises propres à la consommation des différens peuples qui avoisinaient les côtes de ces deux mers, et à proportion des besoins de chacun d'eux. Les unes consistaient en productions territoriales et d'industrie de l'empire ottoman, les autres en objets provenans du sol et des manufactures de France, d'Italie, d'Angleterre, de Hollande, d'Allemagne et d'autres États.

La balance de ce commerce était en faveur des pays situés sur la Mer-Noire. Ils retiraient de Constantinople le solde en monnaie du grand-seigneur et en espèces étrangères.

Depuis 1774, époque du traité de Kaïnardgy, jusques en 1781, qui fut celle de mon départ de Constantinople, le commerce de cette capitale dans ces deux mers avait reçu quelque extension par l'importation plus considérable des denrées de la Russie, et par un plus

grand débouché de celles de l'Archipel, particuliérement en vins et fruits frais et secs ;
extension qui résulta des relations directes
qui s'établirent entre les ports de Taganrok
et de Cherson, notamment avec le premier.
Un très-petit nombre de navires russes avait
participé jusques-là à ce nouveau commerce.
Il se faisait presque tout sous le pavillon
ottoman.

CHAPITRE II.

Voyage entrepris pour la Crimée, la Russie et la Pologne, conformément au plan de M. le comte de Saint-Priest, approuvé par les ministres du roi.

U͟N͟E͟ résidence de dix années à Constantinople m'avait mis à portée d'observer avec soin tout ce qui était survenu d'intéressant dans cette partie. Les notions que j'acquis, par différentes voies, sur ce qui se passait à Cherson, les invitations que voulut bien me faire M. de Stachiew, envoyé de la cour de Russie, de diriger mon industrie sur ce point, mais surtout mon empressement à correspondre au desir que daigna me témoigner M. le comte de Saint-Priest, de voir s'établir des relations commerciales entre les ports de Russie sur la Mer-Noire, et ceux de France sur la Méditerranée, m'engagèrent à rassembler dans un mémoire les idées que j'avais conçues sur ce nouveau commerce, et sur les moyens de le mettre en mouvement; je les soumis à l'ambassadeur du roi , comme le faible hommage des spéculations privées d'un négociant citoyen.

L'accueil favorable qu'elles reçurent de ce ministre acheva d'opérer ma conviction sur les suites d'un aussi grand événement, et me fit entrevoir que depuis long-tems il avait été envisagé par le ministère de sa majesté, sous le rapport de l'État.

M. le comte de Saint-Priest jugea à propos que je communiquasse mon travail à M. de Stachiew. Ces deux ministres convinrent ensemble de l'adresser respectivement à leurs cours, et de demander leur adhésion au plan de me faire passer en Russie pour y observer les entraves locales qui pouvaient se rencontrer dans l'exploitation du commerce à établir par la Mer-Noire avec la France, pour prendre connaissance des facilités propres à le mettre en activité , pour approfondir les difficultés qu'opposerait à cette entreprise le régime d'administration des deux cours. Leur plan portait en outre qu'il me serait recommandé de mettre sous les yeux des deux gouvernemens mes observations, comme un résultat des calculs de possibilité pour le mouvement à imprimer à ce commerce , dont je paraissais disposé à frayer le premier la route à mes compatriotes , en formant un établissement à Cherson.

M. le maréchal de Castries et M. le comte de Vergennes approuvèrent unanimement le projet de M. le comte de Saint-Priest , et ils autorisèrent cet ambassadeur à me faire voyager dans la Russie et la Pologne aux frais du roi.

M. l'envoyé de Russie , informé de cette décision favorable et de la mission dont j'étais honoré , me délivra les passe-ports nécessaires à mon embarquement sur un navire de sa nation qui passait en Crimée , et à ma libre entrée dans le territoire russe. Ce ministre eut aussi la bonté de me recommander à M. le général Hannibal , gouverneur de Cherson , et il fit part à la cour de Pétersbourg des projets de commerce qui m'attiraient en Russie , en l'invitant à les favoriser.

M. le comte de Saint-Priest me remit une lettre pour M. le feld-maréchal prince de Potemkin. Il écrivait à ce gouverneur-général de Catharinoslaw , province dont Cherson fait partie, que mon voyage avait pour objet de chercher à établir des relations de commerce entre la France et la Russie par la Mer-Noire et la Méditerranée, que ces nouveaux rapports pouvaient être très-utiles aux deux

nations, s'ils étaient réciproquement débar-
rassés d'entraves et encouragés ; qu'il voyait
avec plaisir que j'étais disposé à me dévouer
entiérement aux desirs des deux cours, et à
devenir le premier l'instrument de leurs projets ; qu'il le priait en conséquence d'honorer
mes remarques et mes représentations de son
attention et de son intérêt.

Cet ambassadeur me fit porteur en même
tems d'une dépêche pour M. le marquis de
Vérac, ministre plénipotentiaire du roi près
l'impératrice. Il avait été prévenu des intentions de la cour à mon égard : mon instruction portait que je soumettrais mes démarches à ses lumières et à ses conseils, que
j'intéresserais son appui et son crédit à leur
succès.

CHAPITRE III.

Précis sur la Crimée, nommée Tauride *après la conquête de cette presqu'île par les Russes.*

1781. JE partis de Constantinople le 13 avril 1781 : au bout de dix jours de navigation le bâtiment aborda à Kerch, port de Crimée, situé dans le détroit de Taman.

La Crimée, nommée par les Grecs *Chersonèse Taurique*, la plus importante des conquêtes des Ottomans dans la Mer-Noire, a été habitée et envahie par différens peuples : les Cimmériens, issus des Thraces, en furent chassés par les Scythes, et ceux-ci par les Grecs. Le grand Mithridate, les Alains, les Goths, les Huns, les Hongrois, les Bulgares les Khatzares, les Petchenegues, les Komankos, ont successivement occupé et gouverné cette presqu'île. Enfin, les Tartares Mongoles s'en emparèrent en 1237. Les Turcs conquirent Caffa en 1476, et en chassèrent les Génois. Ils laissèrent jouir les Tartares d'une indépendance absolue jusques en 1584. Le traité de

Kaïnardgy la leur avait rendue ; mais leur khan, Chahin Gueray, ayant cédé à la Russie ses droits et ses possessions, et la Porte ayant consenti à la cession de la Crimée en 1784 (1), l'impératrice l'a incorporée à son empire, en a formé un gouvernement, et lui a rendu son ancien nom de *Tauride*.

Cette presqu'île renfermait autrefois plusieurs fameuses places de commerce : de ce nombre étaient Kersone, mieux connue sous le nom de Cherson ; Sougdaja, nommée par les Turcs Soudak, Solgate, nommée par les mêmes Eski Krin ; Théodosi, qu'ils appellent Ingkjirman ; et Théodosie, dont le nom turc est Caffa.

A mon arrivée dans cette ville j'eus l'honneur de me présenter chez M. l'envoyé de Russie, qui résidait près du khan, et de lui remettre une lettre de M. de Stachiew ; elle m'obtint le meilleur accueil de la part de cet envoyé, qui jouissait à Caffa de la plus haute considération.

Les Russes s'étaient emparés de cette ville en 1771, et la rendirent à la paix de 1774. A cette époque Chahin Gueray, khan des Tartares, alors régnant, y transféra sa résidence

______

(1) Le 28 décembre 1783. (v. st.)

 qu'il faisait auparavant à Backscheserai , à l'exemple de ses prédécesseurs.

Caffa , cette ancienne ville jadis si florissante et si bien bâtie, n'offrait plus à la vue que des débris et des ruines ; ses remparts, ses tours, ses édifices et la plupart de ses maisons étaient dans le plus triste état de délabrement. Les brisans de la mer, que les sables charriés par le Don embarrassent de gravier dans ces parages, avaient comblé une partie de son port ; le commerce n'y avait aucune activité ; la misère était générale.

On reprochait au khan beaucoup de vexations et de cruautés envers la partie des Tartares qui paraissait mécontente de son gouvernement. Persuadé qu'il était détesté de ses sujets, ce prince en devint plus dur envers eux. Il s'aliéna particuliérement leurs cœurs et leur estime par les innovations qu'il avait cherché à introduire dans son pays sur différens objets, à l'imitation de ce qu'il avait vu se pratiquer à Pétersbourg pendant le voyage qu'il y fit pour saluer l'impératrice. On lui supposait le dessein de réformer sa nation, et la résolution d'en vaincre les préjugés populaires par son propre exemple.

Chahin Gueray avait un cuisinier européen : sa table était montée et servie comme les nôtres ;

nôtres : nul mets n'en était exclus ; ses gens
portaient une livrée. Il montait très-rarement
à cheval, et, contre la coutume des Orien-
taux, presque toujours il se promenait et se
montrait en public dans une voiture coupée.
Il se cachait la barbe avec un mouchoir de
soie noire, noué derrière le cou. Il était vêtu
de drap de même couleur.

Il avait créé un corps de deux cents Cosaques, sous les ordres d'un officier anglais.
Leur uniforme, fait dans le genre tartare,
était noir et rouge.

Il avait décrié dans ses États les monnaies
du grand-seigneur, et il faisait de fréquens
changemens dans les siennes.

Il avait voulu empêcher ses sujets de vendre
leurs denrées aux étrangers, et il cherchait
à s'emparer de tout le commerce, et à attirer
tout l'argent du pays dans ses coffres.

On connaît la triste fin de ce prince. Réduit à céder tous ses États à l'impératrice en
1784, il passa en Russie, et y vécut sans
éclat dans une province jusqu'en 1786. Il
obtint alors l'agrément de la cour pour se
rendre en Turquie. La Porte le lui avait permis ; mais aussitôt qu'il y fut entré, il s'apperçut bientôt que l'on n'y avait point étouffé
le ressentiment qu'avait inspiré sa conduite

passée. Exilé à Rhodes, il y a été étranglé
en 1787.

A l'époque où je traversai la Crimée, on
trouvait à y acheter quelques cuirs de bœufs
et de vaches, de la cire, du caviar, du beurre,
du suif, des peaux de lièvres, des blés, un
peu de crin et beaucoup de laine. Ce sont là
les principaux objets qui peuvent en être
exportés pour les villes maritimes de la Méditerranée.

Je partis de Caffa pour Cherson, en passant par Précop et Kisikerman. Je traversai
le Niéper en face de cette petite ville russe,
éloignée de dix lieues de Cherson.

Le gouverneur de cette ville, M. le général
Hannibal, m'honora d'un accueil plein de
bonté et d'intérêt. Je trouvai les esprits dis-
posés à me fournir les notions propres à
l'exécution de mes projets, et je m'empressai
de les recueillir.

CHAPITRE IV.

Description de Cherson.

La plus magnifique et une des plus anciennes villes de la Crimée, celle dont le commerce était jadis le plus considérable et le plus florissant, c'est Cherson. Il n'en subsiste maintenant que quelques ruines. 1781.

L'impératrice de Russie, en donnant ce même nom de Cherson à la ville qu'elle avait fondée sur la rive droite du Niéper, à sept lieues de distance de son embouchure, semble avoir eu l'intention d'annoncer par cette conformité de nom, que sa nouvelle cité était destinée à égaler l'ancienne en célébrité.

Le sol où elle a été bâtie appartenait autrefois aux Cosaques Zaporowski ou Saporogues, qui tirent leur nom des Porovis ou cataractes du Niéper, voisines de leur habitation, espèce de régence guerrière et religieuse, dont les statuts bizarres prescrivaient des vœux et autorisaient la licence des mœurs la plus effrénée. Ils furent long-tems soumis à la Pologne; mais vers le milieu du dernier

1781. — siècle, ils se rendirent volontairement à la Russie. Catherine II, immédiatement après la paix de Kaïnardgy, dispersa ces peuplades perverses en punition de leur désobéissance et de la neutralité qu'elles avaient demandée et gardée lors de l'incursion des Tartares dans la nouvelle Servie en 1769.

Cette expédition militaire rendit cette souveraine totalement maîtresse des pays occupés par les Zaporowski, qui embrassaient la majeure partie du Niéper et de ses deux rives, depuis les cataractes de ce fleuve jusqu'à Oczakow.

La propriété des Russes sur ces pays avait été reconnue par la Porte; mais les Cosaques Zaporowski prirent cette reconnaissance pour un empiétement sur leurs droits. Il était sans doute de la plus grande importance pour les nouveaux établissemens de l'impératrice, projetés sur le Niéper, de posséder en entier la navigation de ce fleuve, qui devait vivifier le commerce qu'elle voulait établir et diriger vers la Mer-Noire; elle profita de cette occasion pour chasser les Cosaques de cette contrée et s'en emparer.

Par son traité de paix avec la Porte, la Russie avait acquis sur cette mer Kilbouroun, mais elle n'en pouvait tirer parti selon ses vues. Sa rade, environnée de bas-fonds, n'est point sûre dès que le vent y souffle avec quelque violence. Elle se trouvait d'ailleurs isolée du territoire russe, et exposée par son site en face d'Oczakow, aux entreprises des Turcs. Cependant la cour de Pétersbourg voulait établir une marine militaire, élever un boulevard contre les attaques des Ottomans sans leur causer de l'ombrage, et faire en même tems de cette place un port marchand, qui devînt l'entrepôt du commerce de ses provinces méridionales et de celles de la Pologne.

La position de Gloubok (1), village bâti sur une petite éminence, eût été favorable au commerce. Il joint à l'avantage inestimable d'un air salubre, celui d'un port où abordent des navires marchands d'une portée ordinaire. Mais comment pouvoir s'y mettre à l'abri des insultes des armées ottomanes de terre et de mer? Comment y construire un arsenal, y créer une marine, y établir des fortifications sans exciter l'attention des Turcs, qu'on ne craignait pas, mais qu'on ne voulait pas provoquer?

_____

(1) Il est désigné dans les cartes marines russes, sous le nom de Gloubakaia Pristan.

 On chercha donc un local qui n'offrît point ces inconvéniens, et on crut l'avoir trouvé sur la rive droite du Niéper, nommé par les Grecs *Boristhène*, entre les embouchures du Bog et de l'Ingulets, rivières qui vont se jeter dans le Niéper, et à seize lieues de distance d'Oczakow. C'est là que la ville de Cherson, que quelques-uns écrivent *Kerson*, fut bâtie en 1778, sous les ordres de M. le général Hannibal, qui en fut nommé gouverneur.

La latitude de Cherson est de 46 degrés 38 minutes 29 secondes, et la longitude, en partant du méridien de Paris, est de 30 degrés 36 minutes 15 secondes vers l'est.

La ville de Cherson est défendue par une forteresse et une citadelle : elle peut être considérée comme une place très-forte. Il y a constamment une garnison nombreuse.

Les différentes guerres survenues depuis l'établissement de Cherson ont beaucoup retardé les progrès de sa population.

L'enceinte de cette ville est fort vaste ; les rues sont larges et bien alignées : une grande partie de sa surface était bâtie. La cour n'avait pu encore s'occuper d'embellissemens dans cette colonie naissante ; elle avait eu beaucoup de travaux utiles à y mener de front. Dans l'origine de l'établissement, le territoire

de Cherson était un désert dépourvu d'arbres :
son sol n'a rien fourni pour la construction
de la ville ni pour la nourriture de ses habitans : tout y a été fait et transporté à force
de bras et d'argent.

Le général Hannibal avait rassemblé beaucoup de munitions navales dans l'arsenal qu'il
venait de faire bâtir pour le service de la marine impériale ; plusieurs vaisseaux et frégates
étaient en construction sur les chantiers, mais
il n'y avait de la plupart encore que la quille
de posée. Comme la branche navigable du
Niéper n'a que six à sept pieds de profondeur
à la passe de ce fleuve, nommée Kisimis, on
devait faire descendre, sur des chameaux (1),
ces bâtimens de guerre à Glonbok, pour les
y achever, les gréer, et les conduire ensuite
à Kilbouroun (2), pour y recevoir leur lest
et leur artillerie, et prendre une station.

On éprouvait en été, à Cherson, les funestes effets du desséchement lent et laborieux

___

(1) Ainsi se nomment, comme on sait, ces grands
bâtimens longs, carrés et à plates varangues, inventés
à Amsterdam en 1688, pour faire passer un vaisseau sur
des endroits où il n'y a pas assez d'eau, en le plaçant
entre deux de ces barques, unies ensemble par de grosses
cordes qui l'enlèvent.

(2) On les conduit présentement à Oczakow.

1781.

des lagunes occasionnées dans le mois d'avril par les débordemens considérables du Niéper. Les vapeurs de ces eaux stagnantes, volatilisées par l'ardeur du soleil, y infectaient l'air et y engendraient des fièvres tierces; souvent elles ont dégénéré en fièvres malignes. La convalescence en était longue et très-difficile dans une atmosphère putride. Ces fièvres ont causé beaucoup de ravages dans les premières années de la fondation de Cherson : on les attribuait principalement à l'écoulement d'une partie des immondices de la ville vers ces espèces de marais : d'année en année, le limon qui en compose le fond, se corrompait davantage, et ce dépôt pestilentiel, qui tour-à-tour se détrempe et se dessèche, produisait des exhalaisons qui communiquaient à l'air une malignité mortelle.

Cherson avait coûté des sommes immenses. Les ouvrages qui ont contribué à la salubrité de l'air qu'on y respire aujourd'hui, étaient très-dispendieux, et le tems seul pouvait en amener la perfection.

Cependant l'on ne saurait supposer que des vues d'économie aient suffi pour détourner l'attention de la cour de Russie de cet objet de calamité. Si elle a différé d'y porter remède, sans doute elle était mue par des considérations de la plus haute importance. ——

Celle, par exemple, de choisir pour le ^{1781.} commerce un entrepôt plus sain, plus commode et mieux situé aussitôt qu'elle aurait renouvelé sa paix avec la Porte, de faire passer par conséquent les commerçans de Cherson dans un port où leurs navires pussent venir mouiller : c'était un grand inconvénient pour eux de résider à la distance de sept lieues de Gloubok, où se faisaient les chargemens et les déchargemens de leurs expéditions ; ce qui les obligeait à se servir d'alléges pour transporter d'un port à l'autre des cargaisons d'entrée et de retour. Les frais, les longueurs, les avaries et les embarras qui résultaient de ce charroi très-pénible en remontant le fleuve, nuisaient singuliérement à l'activité et aux progrès du commerce de Cherson.

Il éprouvait déjà l'assujettissement des quarantaines établies sur les bâtimens et sur les marchandises d'importation : on avait bâti, pour cet objet, un lazaret à Cherson ; on facilitait le débarquement des effets non sujets à contumace et à être purifiés par l'air. Dès le principe aussi il avait été pris des mesures administratives pour que les bâtimens pussent recevoir leurs cargaisons dans le tems même de la quarantaine.

Toutes ces opérations étaient surveillées, à Gloubok, par une frégate armée, spécialement chargée de viser les passe-ports et de recevoir les dépositions des navires entrant et sortant de ces parages.

Rien n'avait échappé aux soins du gouvernement. Ils se fixèrent d'abord sur les constructions des maisons de Cherson. Pour les encourager, il fit don des terrains qui lui étaient demandés pour cet objet. Il fournit même, dans le commencement, la plupart des matériaux nécessaires, sur la simple promesse que le prix lui en serait remboursé dans quelques années.

L'agriculture ne reçut pas moins d'encouragemens. La cour de Russie donna gratuitement des terres à ceux qui en demandèrent, et elle les affranchit de toute imposition pendant plusieurs années. M. le général Hannibal seconda parfaitement, par son zèle, les vues bienfaisantes de l'impératrice, et en fit bénir le nom par ces nouveaux colons. La plus grande partie des environs de Cherson était cultivée. On y voyait plusieurs maisons de campagne, et de distance en distance on appercevait des villages nouvellement construits.

CHAPITRE V.

Notice sur la navigation du Niéper, depuis Oczakow jusqu'à Cherson.

LA branche du milieu du Niéper est la seule navigable. Comme elle n'a que six à sept pieds de profondeur à son embouchure, près de Kisimis, situé à ving-cinq verstes au dessous de Cherson, les seuls navires de ce tirant d'eau peuvent remonter le fleuve par la passe de Kisimis, qui a deux verstes de longueur, et aborder à Cherson.

Ceux qui en tirent davantage, sont obligés de s'arrêter à Glonbok. Ce mouillage sert de port à Cherson. Les bâtimens qui tirent onze à douze pieds d'eau, peuvent y jeter l'ancre près de terre ; les autres s'en tiennent plus écartés, à proportion de l'eau qu'ils prennent, et du fond dont ils ont besoin.

Le Niéper forme, dans cette partie, un golfe auquel l'on a conservé le nom turc de *Liman.* Pour y pénétrer du côté de la mer, il faut enfiler un canal qui, dans quelques endroits, a jusqu'à soixante pieds de profondeur, et dix-huit seulement dans d'autres.

Son cours se dirige entre Oczakow et Kilbouroun; il est resserré, du côté d'Oczakow, par un banc couvert de cinq à six pieds d'eau, et du coté de Kilbouroun par une langue de sable qui se croise avec le banc. Il est de la sagesse des navigateurs qui n'ont pas pratiqué ce passage, de ne le tenter que la sonde à la main et avec peu de vent.

Pendant deux mois environ il est fermé par les glaces. Le Niéper en est couvert ordinairement du 1er. au 15 décembre, et elles ne fondent que du 10 au 20 février. Le dégel de ce fleuve est plus tardif en proportion de sa plus grande élévation vers le nord. Quelquefois des vents de sud violens, survenus dans l'intervalle, font remonter les eaux de la mer, et, par une fonte prématurée, rendent le fleuve navigable; mais le retour du vent du nord en fait de nouveau durcir la surface.

Il est gelé vers sa source jusqu'à la fin du mois d'avril : c'est là l'époque de son entière débacle. Il ne cesse de charrier des glaçons que dans le courant du mois de mai. Accru alors prodigieusement par la fonte des neiges et par les pluies, il se déborde, et forme en plusieurs endroits des lagunes, dont la plupart ne sont pas entiérement absorbées par les chaleurs de l'été.

CHAPITRE VI.

Commerce de Cherson.

L'appat le plus séduisant que la cour de Russie pût offrir à l'émulation des négocians, était d'accorder à Cherson la franchise de son port. Une telle faveur aurait certainement attiré un très-grand nombre d'hommes industrieux dans cette ville, et son commerce aurait pris un plus grand essor et acquis plus d'extension.

Il en a dû coûter au cœur de l'impératrice de refuser à Cherson cet affranchissement de tous droits; mais le système des finances de son empire, dont les douanes font une branche principale, s'est probablement opposé à ce bienfait.

C'est de Constantinople que sont venus les premiers bâtimens qui ont abordé à Cherson. Les Turcs et les Grecs y portaient, sous le pavillon ottoman, des oranges, des citrons, des fruits secs, de l'huile d'olive, des vins, etc. Ils rapportaient à Constantinople le prix de ces denrées en espèces de Russie, parce

1781. —— qu'ils ne trouvaient pas de productions russes à prendre en échange.

Il ne s'était pas fait, à Cherson, d'autre commerce, et cette ville n'avait conséquemment tiré encore aucun parti des avantages de sa situation.

M. le général Hannibal accorda, pendant mon séjour, la plus grande attention à mes observations et à mes demandes, et me donna les éclaircissemens qu'il jugea pouvoir m'être utiles. Il m'exprima son regret de ne pouvoir statuer lui-même sur les facilités que je représentais m'être nécessaires pour former un établissement à Cherson. Il m'observa que c'était une matière à discuter à fond avec M. le comte de Vorontzow, président du collége de commerce à Pétersbourg ; et afin de me procurer cet honneur, il me remit une lettre pour ce ministre.

La connaissance à acquérir des usages et de l'exploitation du commerce russe, dont je n'avais que des idées très-imparfaites ; les communications à ouvrir avec l'intérieur du pays pour pouvoir m'en procurer les denrées, et y trouver pour les nôtres un débouché, ressources dont Cherson était totalement privé à cette époque ; l'acquisition à faire de divers bâtimens, si rares alors qu'on n'en aurait

trouvé aucun à afréter pour la Méditerranée ; ——
enfin, la bâtisse d'une maison avec des ma- 1781.
gasins qu'obligeait à faire construire le petit
nombre de celles à louer : telles étaient les opérations préliminaires de mon entreprise. Il est
superflu d'observer qu'elles sont localement
particulières à une colonie naissante, où tout
est à créer en fait de commerce et de navigation.

Il n'en était pas de la faculté de trafiquer
dans l'intérieur, d'armer et d'expédier des vaisseaux sous le pavillon russe, comme de celle de
bâtir à Cherson des maisons et des magasins.
Une faveur spéciale de l'impératrice pouvait
seule faire participer un étranger aux deux
premières prérogatives réservées exclusivement aux nationaux ; mais le gouverneur de
Cherson était autorisé à accorder gratuitement des terrains pour y faire des constructions ; aussi me fit-il délivrer avec un empressement plein de bonté, le titre de ceux que je
lui demandai pour cet objet.

Les préposés de la douane de Cherson mirent de leur côté beaucoup de complaisance
à me fournir les renseignemens que je leur
demandais. Ils m'indiquèrent les principales
villes susceptibles par leur position et par la
nature de leurs productions, d'avoir des rela-

1781.

tions avec Cherson, telles que Kremenchuk, Pultava, Rumna, Carcow, Belgorod, Kiow, Nézin, Baturin, Gluchow, Kursk, Staradoub, Briansk, Orel, Chichersk, Sklow, Smolensko, Kaluga, Moscou, etc.

Le directeur-général des douanes voulut bien me faire porteur d'une dépêche pour M. le prince Potemkin. Il y rendait compte à ce gouverneur-général, de mes entretiens avec lui sur le commerce, et le sollicitait de m'accorder des facilités pour l'exécution de mon projet.

Tout ce que l'on me dit des rapports mercantiles qui pouvaient s'établir entre la Pologne et Cherson ne servit qu'à me confirmer dans l'opinion que j'en avais conçue, et me fit considérer cette place comme le point central des principales opérations du commerce russe, et de celui des Polonais sur la Mer-Noire, comme capable surtout de détourner et d'attirer à elle une partie des relations que la mer Baltique avait avec les ports de la Méditerranée, et de les augmenter considérablement. Les mêmes objets qui s'importent et s'exportent de la Baltique forment également la base du commerce de Cherson. Les approvisionnemens, puisés dans les mêmes sources, se font dans les mêmes marchés. Ces commerces consistent

consistent tous les deux, savoir, pour l'importation :

En vins de toute espèce, en sucre terré, sucre raffiné, café des îles, taffetas de Lyon, rubans, velours, draps, épiceries, huile d'olive, amandes, fruits secs de différentes sortes, confitures, sirops, salaisons, modes, fromages, meubles, chapeaux, toutes sortes de pâtes, bijouterie, soufre en canon, rhum, liqueurs, etc. L'eau-de-vie n'est point citée, parce que l'entrée en est prohibée dans les ports de Russie sur la Mer-Noire, et cette prohibition s'étend à plusieurs autres articles, comme l'indique le tarif général des douanes de la Russie de 1797, qu'il faut consulter, tant pour l'importation des marchandises étrangères, que pour l'exportation des productions russes.

Ces exportations consistent en chanvre, suif, blés, seigle, mâts, bois de chêne et d'orme, merrains, cire, soie de porc, laines, toiles à voiles, bœuf salé, crin de cheval, lin, graine de lin, tabac, duvet, fourrures, peaux de lièvres, nattes, fer, potasse, peaux de bœufs, de vaches et de veaux non préparées, cuirs rouges et noirs, dits *youffts*, etc.

La plupart de ces marchandises sont accumulées dans des villes situées, les unes sur

1781.

C

les bords, les autres à une courte distance du
Niéper, et des rivières navigables qui se réu-
nissent à celleci, telles que Sox, le Sein et
la Desna. Elles sont voiturées dans des barques
ou sur des radeaux, jusqu'à Cherson. Ce port
est beaucoup plus voisin des provinces les
plus fertiles de la Russie, que Riga et Pétersbourg. Par la navigation du Niéper, il est
rapproché de la plupart de celles élevées vers
le nord, qui commercent avec ces villes maritimes. Celles-ci ne jouissent pas d'autant de
facilités que Cherson, dans le transport des
marchandises qu'elles tirent, comme elle, de
ces mêmes contrées.

On ne déplace point jusqu'au dégel du Niéper les marchandises destinées pour Cherson.
Les pays qui les produisent étant à une courte
distance des rivières, on les y transporte par
terre à peu de frais. On est au contraire obligé de voiturer en hiver, sur des traîneaux, pendant plusieurs jours, les marchandises préparées pour la Baltique, et de les entreposer
au voisinage des canaux, rivières ou fleuves
qui aboutissent à cette mer, jusqu'à ce que la
débacle permette aux barques d'y descendre.

Cette différence dans les transports pour
les deux mers est essentiellement remarquable
pour celui des mâts et des bois de construction,

ainsi qu'on le verra dans cet ouvrage. Le ——
chemin que l'on fait prendre vers le nord, 1781.
aux productions méridionales de la Russie et
de la Pologne, est forcé, tandis que la nature
leur a tracé elle-même leur cours vers la
Mer-Noire. Cette route est courte et facile
par terre, durant toute l'année. Elle le sera
par eau pendant neuf à dix mois, lorsque le
passage des cataractes du Niéper aura été
rendu plus praticable : il ne l'était guère alors
qu'à l'époque du dégel du fleuve, dans les mois
d'avril et mai. Il n'y a au contraire qu'une seule
saison favorable au transport par eau de ces
marchandises vers la Baltique ; et comme la
plupart sont à une plus grande distance des
ports de cette mer que de Cherson, le charroi
par terre en devient plus dispendieux.

La carte des lieux et la connaissance de
leur climat suffisent pour démontrer la jus-
tesse de ces notions. Je les dois aux détails
instructifs qui me furent généreusement com-
muniqués par les négocians russes ; je n'ai eu
qu'à me louer de tous ceux que je rencontrai,
soit dans ma route de Cherson à Pétersbourg,
soit à mon retour dans les différentes villes
dont je vais faire la description, et où je me
suis arrêté pour prendre des lumières sur les
intérêts du commerce avec ce nouveau port.

CHAPITRE VII.

Rapports commerciaux de Cherson avec Krementchuk, Pultava, Rumna, Nezin, Gluchow, Staradoub, Briansk, Chichersk, Sklow, Kaluga, Moscou.

1781.

Je quittai Cherson au mois de juillet, accompagné d'un bas-officier russe, que j'avais prié M. le général Hannibal de me donner pour m'accompagner jusqu'à Pétersbourg. Je passai en premier lieu à Krementchuk.

Cette place, la plus voisine de Cherson, est la capitale du gouvernement de Catharinoslaw ; elle pouvait fournir des bœufs pour la salaison et des cuirs de ces animaux. Il s'y était établi une raffinerie de sucre.

Pultava, indépendamment des mêmes articles, offrait aussi au commerce, du blé, des nattes et de la cire.

Rumna était beaucoup plus commerçante. On y trouvait les mêmes denrées, mais en plus grande quantité. C'est à cette ville que se recueille le tabac qui s'exporte de Riga et

de Pétersbourg , et qui est connu sous le nom
de tabac d'Ukraine. On en récoltait , année
commune , 40,000 quintaux , poids de marc
environ.

Nezin était l'entrepôt du commerce des
fourrures que la Russie fait avec la Turquie.
Les négocians grecs et arméniens qui y étaient
établis, les tiraient de Moscou et les faisaient
passer à Constantinople. Ils recevaient de
l'Italie beaucoup de soieries , et achetaient
différentes sortes de marchandises dans les
foires de Léipsick. Ils en expédiaient une partie à Moscou, et répandaient le reste dans
l'Ukraine.

Gluchow est un pays de grains : on y ramassait très-peu de chanvre. A Tapal, village
qui en dépend , il y avait une fabrique de
toiles à voiles. C'est une propriété de M. le
feld-maréchal comte de Romantzow-Zadue-
naisky. Ce seigneur faisait ordinairement sa
résidence dans une de ses terres , nommée
Vichinka , située à une petite distance de
Gluchow. La lettre qu'avait eu la bonté de
lui écrire à mon sujet M. le général Hannibal , m'obtint l'accueil le plus flatteur de la
part de cet illustre guerrier, dont les victoires
ont ouvert au commerce la navigation de la
Mer-Noire ; il daigna me retenir auprès de

—— lui une journée, et témoigner à **M.** le comte
1781. de Vorontzow, par une lettre dont il me chargea, l'intérêt que lui inspiraient mes projets
de commerce.

Staradoub est la principale ville de négoce
qu'on rencontre après avoir quitté Gluchow,
en tirant au nord : elle produit beaucoup de
chanvre ; il est supérieur en qualité à tous
ceux qu'on recueille en Russie : le brin en est
plus fort, plus long ; la couleur en est plus
belle et on l'y prépare mieux : il passe presque
tout à Riga. Les expéditions de ce chanvre
pour Cherson sont bien plus commodes, puisque Staradoub n'est éloigné de la Desna que
de douze lieues environ.

Briansk est situé sur les bords de cette
rivière. Elle est fort peuplée, et compte parmi
ses habitans un grand nombre de marchands,
dont plusieurs sont fort riches. Cette ville fait
un commerce considérable. Le chanvre en est
la partie la plus importante ; sa qualité est
excellente ; il s'en ramassait immensément
dans le territoire de Briansk et dans tous les
endroits circonvoisins, tels que Pochep,
Amelinsk, Pagara, etc. Briansk est considéré
comme une place d'entrepôt pour le chanvre.
Les marchands russes de Riga et de Pétersbourg y font leurs principaux achats.

C'est là que les négocians de Cherson doivent aussi se pourvoir de cette production. Outre l'a- 1781. vantage de sa situation sur la Desna , Briansk a celui de posséder , sur la rive gauche de cette rivière , des forêts considérables, dont les bois sont très-propres à la construction des barques: il y en avait toujours de prêtes, et en telle quantité qu'on voulait , pour l'époque du dégel ; ainsi , dès que la navigation de la Desna et celle du Niéper sont libres, on peut y charger les chanvres, et les transporter en droiture à Cherson.

Il en est de même des autres marchandises qu'on peut se procurer dans cette ville , comme le fer , le goudron , le suif , le miel , la cire , la soie de porc, le tabac, les cordages, l'huile et la graine de chanvre ; mais il devait mieux convenir, dans le principe , aux négocians établis à Cherson pour les achats qu'ils feraient, tant à Briansk , que dans les autres villes de l'intérieur , de laisser le soin et le danger du transport des marchandises à la charge des marchands russes , et d'en fixer le prix de manière que ceux-ci pussent s'obliger à les rendre à Cherson à leurs frais et risques.

Chichersk offrait à ce port quelques ressources pour les mâts. Cette petite ville, située sur la rivière de Soz , est entourée de forêts de pins ; mais elles étaient dépourvues de grosses pièces, comme presque toutes les forêts de l'Ukraine. Les mâtures de Chichersk, destinées pour la Baltique, descendent en radeaux le long du Soz, jusqu'au confluent de cette rivière et du Niéper : là on leur fait remonter ce fleuve jusqu'à Orsza, au dessus de Sklow. A l'entrée de l'hiver on les charrie sur des traîneaux aux bords de la Dwina, et le printems suivant elles descendent à Riga : ce transport n'est terminé qu'au bout de dix-huit mois, et quelquefois au-delà.

Ces mêmes longueurs et difficultés subsistent pour conduire à la mer Baltique les mâts et les bois de construction qu'on coupe en Ukraine et dans la Lithuanie ; mais on ne s'arrête pas à cet inconvénient, parce que la qualité de ces mâtures les fait rechercher et préférer par tous les arsenaux militaires de l'Europe, et que le prix qu'ils en donnent, couvre les dépenses qu'entraîne la longueur de ce charroi.

Le bonheur que j'ai eu de faire le premier une exportation de ces mâts à Toulon, par la voie de Cherson, me fournira l'occasion, dans le cours de cet Essai, de décrire et de faire connaître tout ce qui a trait à cette branche de commerce si intéressante pour notre marine.

Sklow appartenait à la Pologne avant le premier démembrement survenu en 1773. De toutes les villes de la Russie-Blanche, Sklow était la plus marchande ; son principal commerce consistait en chanvre : cette production abonde dans ses environs, et elle en vendait considérablement pour Riga. L'exportation de cette marchandise pour Cherson était d'autant plus facile, que le Niéper traverse Sklow, et qu'au lieu de la transporter par terre et par eau à Riga, on pouvait la faire passer à Cherson dans des barques construites à Sklow même.

Kaluga est la ville la plus grande, la plus peuplée et la mieux bâtie qui se trouve entre Cherson et Moscou. Le corps des marchands y est très-nombreux. La rivière d'Oka, qui va se jeter dans le Volga, traverse la ville : il y existe plusieurs raffineries de sucre ; elles tirent de Pétersbourg le sucre brut propre à leur fabrication, et en vendent le produit aux provinces voisines.

On trouvait à acheter à Kaluga, du suif, de la cire et des nattes : l'on comptait dans les environs plusieurs fabriques de toiles à voiles et de cuirs youffts. Cette place n'étant éloignée de Briansk que de quarante-cinq lieues, ces marchandises peuvent être voiturées par

1781.

terre jusqu'à cette ville, pour y être chargées sur des barques qui les conduiraient à Cherson.

Il n'a pas été fait mention, dans la description du commerce de ces différentes villes, de la consommation qu'on pouvait y trouver de nos productions : elles en faisaient leur approvisionnement dans les foires multipliées qui se tenaient à diverses époques de l'année, tantôt dans l'une , tantôt dans l'autre de ces places.

Ces marchandises y étaient apportées par des compagnies de négocians russes établis à Pultava, Nezin, Moscou , etc. : ils suivaient ces foires, et faisaient particuliérement ce négoce ; ils se pourvoyaient dans les marchés les plus convenables, où ils étaient accrédités.

En attendant que celui de Cherson fût bien connu, que l'on s'accoutumât à le fréquenter, qu'on y trouvât du crédit et des assortimens de tous les articles qu'on tire d'ailleurs, les négocians de ce port, qui ont voulu participer aux débouchés que leur offraient les contrées voisines, ont dû se livrer, en concurrence avec les indigènes, à l'exploitation du commerce intérieur, expédier, à l'exemple de ces compagnies, des marchandises dans les

foires, et s'y rendre pour en soigner eux-
mêmes la réalisation.

On pouvait y acquérir en même tems les denrées de Russie, qui y étaient exposées en vente, ou en acheter par contrat, pour être livrées dans Cherson à des époques déterminées.

Moscou, cette ancienne capitale de la Russie, offrait à Cherson des ressources considérables, tant pour son commerce d'importation, que pour celui d'exportation, mais principalement pour le premier.

Cette ville, l'une des plus grandes de l'Europe, est considérée comme le point central du commerce de l'empire : il s'y fait un débit immense des marchandises étrangères, soit pour la consommation locale, soit pour celle des provinces, qui la plupart se pourvoient à Moscou.

Elle tire de Pétersbourg la plus forte partie des objets de son commerce : les autres marchandises y arrivent de la Sibérie et des différentes parties de l'empire russe, de la mer Caspienne et de celle d'Azow, de la Perse, de la Chine, etc.

Moscou possède des manufactures de napages, de toileries de divers genres, de toiles rayées en couleur. Il y a dans cette ville des

1781.

raffineries de sucre et des tanneries de cuirs : plusieurs autres fabriques, telles que celles de toiles à voiles, sont répandues dans le district du gouvernement, qui porte le nom de cette ancienne capitale.

Elle a un change établi avec Amsterdam et Londres. Les traites sur Hambourg et sur Paris étaient fort rares. La voie de Moscou me parut très-convenable aux négocians de Cherson pour recevoir de l'étranger les fonds nécessaires à leurs achats, et pour y faire passer dans l'occasion, en lettres de change, le retour de leurs importations.

Je jugeai d'une grande importance pour eux de chercher à obtenir la préférence sur les autres routes, et d'approvisionner Moscou en productions des ports de la Méditerranée et de ceux des États du grand-seigneur. Ils n'y parviendront qu'en observant la plus stricte économie dans l'achat, dans l'expédition, dans l'entrepôt et dans le transport de ces marchandises jusqu'à Moscou.

Leur charroi se faisait avec plus de célérité sur des voitures traînées par des chevaux, mais il était plus dispendieux que celui fait par des bœufs, achetés, en arrivant à Moscou, pour les boucheries. Le préjudice que causait la lenteur de cette dernière méthode

était bien compensé par l'économie de la voi- 1781.
ture. Il y avait alors très-peu de bœufs à Cherson ; mais je présumais dès-lors que les vastes
pâturages dont est couvert le plateau de ses
environs exciteraient les paysans russes à y
élever des troupeaux nombreux de cette espèce (1).

---

(1) Le commerce des différentes villes mentionnées
dans ce chapitre est le même en 1804, qu'à l'époque
où je les ai parcourues.

CHAPITRE VIII.

Commerce de Taganrok.

—— **L**E port de Taganrok, situé sur la mer d'A-
1781. zow, étant plus à portée de Moscou que
Cherson, semblait au premier aspect pouvoir
fournir également à cette capitale, et même
à plus bas prix, les denrées de la Turquie et
de la Méditerranée.

Le prix des voitures est trop modique en
Russie pour qu'il y ait aucun avantage à faire
remonter, à ces marchandises, le Don, fleuve
considérable, qui a son embouchure près de
Taganrok.

Ainsi, ce n'est point l'économie du transport par eau qui pouvait donner à ce port
l'avantage sur celui de Cherson. La différence
des distances respectives de ces deux villes
avec Moscou ne devait pas non plus établir
une disparité trop sensible dans le prix du
charroi par terre ; et s'il existait quelque différence sur ce point, elle se trouverait compensée par la longueur de la traversée des
bâtimens qui passent à Taganrok, longueur
qui a pour cause son plus grand éloignement

de Constantinople que Cherson , et quelques difficultés dans la navigation de la mer d'Azow.

1781.

Le peu de profondeur de cette mer, qui, au détroit de Taman, en face de Yenikalé, offre un passage dangereux, et n'a, dans cette partie, que quatorze pieds, et onze à douze seulement près de Taganrok, exige qu'on n'y expédie que des bâtimens de neuf à dix pieds de tirant d'eau, dont le fret est nécessairement plus cher. C'est là un premier inconvénient.

Le second consiste dans l'impossibilité de pouvoir louvoyer dans cette mer, à cause des bancs de sable dont elle est remplie , et de la violence des courans; de sorte qu'on ne peut y naviguer qu'avec un vent favorable : obstacle qui rend les traversées plus longues, et par conséquent plus dispendieuses.

Enfin, elle est impraticable pendant l'hiver, parce qu'elle est ordinairement prise par les glaces depuis le mois de décembre jusqu'en mars, selon que la rigueur de la saison est plus ou moins longue. S'il se trouvait des bâtimens au large dans cette mer au moment où elle gèle, ils y périraient infailliblement lors du dégel, par le choc violent des bancs de glaces qu'elle charrie.

Mais quoique la navigation de Constanti-

—— nople à Cherson soit infiniment moins difficile, le peu de facilités qu'on avait trouvé dans
ce port jusqu'à cette époque, pour transporter
par terre les marchandises à Moscou ; les com-
modités fréquentes qu'à cet égard on rencontrait à Taganrok ; les correspondances établies depuis long-tems entre les commerçans
des deux villes ; l'habitude où étaient ceux
de la première de tirer de la seconde les productions du Levant, toutes ces circonstances
n'avaient point encore permis à Cherson d'entrer en concurrence avec Taganrok, et si des
maisons étrangères se fussent établies dans
cette dernière place, peut-être auraient-elles
pu profiter, plus que Cherson, du débouché
qu'offrait Moscou aux ports de la Mer-
Noire.

Celui de Taganrok en est un des principaux ; il était naturel de présumer qu'il aurait
des relations avec les mêmes villes commerçantes de la Méditerannée, que Cherson ; qu'il
servirait probablement d'entrepôt aux denrées des différentes provinces voisines, et de
celles baignées par le Don et le Volga, de
même qu'aux productions des gouvernemens
d'Astracan et de la Sibérie.

On trouvait à acheter à Taganrok les mêmes
marchandises à peu près qu'à Cherson, mais

en

en quantité plus ou moins considérable. Tels
étaient le chanvre, le suif, les toiles à voiles, 1781.
le crin, le tabac, les cuirs, le blé, les fourrures, etc. Ces articles étaient ceux dont le
pays était le mieux pourvu ; mais on y trouvait de plus qu'à Cherson, des colles de
poisson, beaucoup de caviar, et autant de
fer que l'on en voulait.

Le caviar, dont l'Italie et la Turquie font
une très-grande consommation, y vient des
différentes villes situées sur le Don, le Volga
et le Jaïk, fleuves où l'on pêche l'esturgeon,
avec les œufs duquel on fait le caviar.

Le fer provient des mines de la Sibérie; il
est chargé à Kasan, sur le Volga, dans des
barques qui s'arrêtent à Sarepta ou aux autres
lieux de débarquement les plus voisins du Don.
Ce fleuve n'est éloigné du Volga que de vingt-
une lieues environ. Le fer est alors transporté
par terre jusqu'au bord du Don, y est embarqué, et descend à Taganrok.

Constantinople tirait de Taganrok, depuis
la paix de 1774, presque tout le fer et le caviar qu'elle consommait : à ces deux branches
importantes se joignaient quelques importations de ce port russe, en beurre, colle de
poisson, toiles, etc.

Les mâts et les bois de construction que

1781. fournit en abondance le gouvernement de Kasan, et qui passent à Pétersbourg, où ils sont employés pour le service de la marine impériale et marchande, pouvaient prendre aussi cette route ; mais la préférence que donnent nos arsenaux militaires aux mâtures de l'Ukraine et de la Lithuanie, n'invitait point à l'importation de celles de Kasan. Pour l'effectuer, il faudrait conduire ces bois en radeaux jusqu'à Caffa, parce que leur embarquement exige de gros navires qui ne peuvent pas entrer dans la mer d'Azow.

Ce traînage par eau ne serait point un obstacle à l'extraction de ces bois. Ce qui serait le plus capable d'y mettre empêchement, c'est leur charroi par terre, depuis le Volga jusqu'au Don. C'est ici le cas de regretter que les circonstances aient empêché d'achever le canal commencé par Pierre-le-Grand, pour réunir ces deux fleuves. On comprend combien l'exécution de ce projet vivifierait et augmenterait le commerce de Taganrok.

CHAPITRE IX.

Idées sur le commerce de la Perse et de l'Inde par Taganrok.

Sɪ le projet de Pierre - le - Grand avait été exécuté, on aurait peut-être vu alors se ré-tablir par la voie ci-dessus l'ancien cours du commerce de la Perse et de l'Inde, que la Tur-quie et l'Europe font aujourd'hui par d'au-tres routes. Sans doute que, pour l'attirer de nouveau dans les pays soumis à sa domina-tion, la cour de Russie exempterait de tout droit et ferait jouir d'un libre transit les mar-chandises de ces riches pays de l'Asie , des-tinées pour l'étranger, et celles qui leur se-raient envoyées en retour.

C'est une facilité à accorder au commerce de la Perse, qui paraît possible par le port de Taganrok, puisque les négocians de Mos-cou y trafiquent par l'entremise de ceux d'Astracan, et que cette dernière ville a une communication établie avec Taganrok.

Il passe de Moscou en Perse par la voie d'Astracan, de la cochenille, de l'indigo, des

1781.

draps, de l'acier, du plomb, etc. Astracan y envoie du fer, des fourrures, des toiles et d'autres productions de Russie. On en retire de la soie, des cotons filés, des perles, des étoffes, etc.

Quant au commerce de l'Inde par la voie de Taganrok, on est porté à la supposer plus longue et moins économique que celle du détroit de Gibraltar. Elle ne pourrait donc absolument convenir que pour les relations de cette partie du monde avec Constantinople. Les Arméniens, qui en sont les agens, pourraient faire l'essai de cette route et en comparer les longueurs avec les inconvéniens de la marche actuelle de leurs importations dans l'empire ottoman. On sait que ces transports, qui les exposent à une infinité de risques et de vexations, se font par mer des golfes du Bengale et du Guzarate, à Bassora; que de là ces marchandises vont par terre à Alep, d'où elles passent à Constantinople.

Ces mêmes effets pourraient être expédiés des places de l'Inde à Astrabad, port le plus commode de la mer Caspienne. Il resterait à combiner s'il conviendrait mieux de les y faire arriver en droiture par terre, ou si, comme dans l'ancien tems, il faudrait les voiturer d'abord par eau , puis par terre, en —— leur faisant remonter le fleuve Indus. Elles 1781. passeraient d'Astrabad à Astracan , et de cette ville à Taganrok , d'où on les enverrait à Constantinople.

~~~~~~~
~~~~~~~

CHAPITRE X.

Séjour à Pétersbourg. Mémoires présentés aux ministres de l'impératrice, sur le commerce de la Mer-Noire. Résultat des démarches faites auprès d'eux pour le mettre en activité.

1781. — La connaissance des rapports de commerce des différentes villes dont je viens de parler devait naturellement précéder mon arrivée à Pétersbourg. L'objet de ma mission en Russie consistait autant à y solliciter des facilités pour l'établissement que je desirais former à Cherson, qu'à y présenter des observations sur les entraves locales dont il était à desirer qu'on affranchît ce nouveau commerce, et à inviter le gouvernement à accélérer l'effet des mesures jugées les plus propres à le mettre en activité et à lui procurer un prompt essor.

J'arrivai à Pétersbourg dans la même année de mon départ de Constantinople. Mon premier soin fut d'y rendre compte des motifs et des circonstances de mon voyage à

M. le marquis de Vérac, ministre plénipotentiaire du roi près l'impératrice. Ce mi- 1781.
nistre fut affermi par mon récit dans les dispositions favorables que lui avaient déjà ins-
pirées la nature même de ces intérêts de
commerce et les intentions de notre cour.

J'eus l'honneur de remettre immédiatement les dépêches dont j'étais porteur, à
M. le feld-maréchal prince de Potemkin et
à M. le comte de Vorontzow. La bonté avec
laquelle ces ministres daignèrent m'accueillir
et s'entretenir avec moi du commerce de
Cherson me parut d'un très - bon augure
pour mon projet. M. le comte de Vorontzow
me répondit que mon affaire regardait M. le
prince de Potemkin ; qu'il en desirait sincé-
rement le succès, et y coopérerait en ce qui
dépendrait de son département.

Le prince voulut bien me promettre d'examiner avec attention les observations conte-
nues dans mon mémoire , sur les invitations
de M. de Stachiew.

Quelque tems après j'eus l'honneur de
mettre sous ses yeux un précis des principaux
objets qui y étaient traités. J'exposais dans
ce précis , comme essentiellement desirable
pour mettre en activité le commerce de
Cherson :

1º. Qu'on accordât aux négocians étrangers qui s'établiraient dans ce port, de quelque nation qu'ils fussent, la faculté d'armer des bâtimens sous le pavillon russe, le seul que la Porte laissait entrer alors, avec le sien, dans la Mer-Noire, et qu'on leur donnât, pour l'achat et l'armement des navires, toutes les facilités qu'exigeait le manque total, dans cette mer, de bâtimens et de matelots ;

2º. Qu'attendu les difficultés que la Porte mettait au passage de plusieurs marchandises d'exportation et d'importation, on entamât au plus tôt la négociation projetée d'un traité de commerce avec elle ;

3º. Que l'on prît des mesures pour que les bâtimens russes fussent à l'abri, dans la Méditerranée, des insultes des Barbaresques ;

4º. Que, comme les bâtimens qui arrivaient de la Mer-Noire à Marseille y seraient réputés venir du Levant, et que ce commerce, exclusivement réservé pour le pavillon français, y était grévé, lorsqu'il se faisait sous celui des autres nations, d'un droit de 20 pour 100, s'élevant à 30 pour 100 avec les 10 sous par livre alloués à la ferme, il fût avisé aux moyens les plus convenables pour affranchir les navires russes de cette imposition, ainsi que du droit de tonneau auquel ils étaient assujettis dans tous les ports de la France; ——

5º. Que , puisque le projet de faire de Cherson un port franc ne pouvait encore être pris en considération , on y favorisât au moins l'importation des productions françaises , en modérant les droits excessifs qu'elles payaient, et en permettant l'introduction de la plupart de celles qui étaient prohibées ;

6º. Que le commerce commençant à peine à Cherson , et les négocians étrangers ne pouvant y trouver le débit de toutes les marchandises qu'ils y importeraient , ni s'y procurer une quantité suffisante de denrées pour leurs exportations, faute d'acheteurs d'un côté , et de vendeurs de l'autre , il leur fût permis de commercer dans l'intérieur de l'empire , à l'égal des marchands russes ;

7º. Que l'on fît aussi participer ces nouveaux établissemens aux bonifications sur la douane , attribuées à la qualité de négociant russe , faveur qui ne pouvait manquer d'attirer à Cherson un plus grand nombre de commerçans étrangers ;

8º. Qu'il leur fût formellement promis de les faire jouir , dans cette ville , des mêmes exemptions et priviléges qu'à Pétersbourg ;

9º. Qu'il fût établi des postes réglées , du côté des frontières de la Turquie et de la

 Pologne, pour faire communiquer directement Cherson avec ces deux États et avec le reste de l'Europe, parce que le long détour que ferait la correspondance si elle continuait de passer par Pétersbourg, nuirait infiniment aux affaires de commerce;

1°. Que, comme d'une part il faudrait instituer des tribunaux pour connaître des différends qui surviendraient en matière de négoce et de navigation, et que de l'autre un commerce naissant méritait d'être particulièrement surveillé, l'on confiât, dès qu'il aurait pris quelque consistance, la décision de ces différends à une juridiction consulaire et maritime, et l'administration subalterne de ces nouveaux rapports mercantiles à une chambre de commerce.

Je représentais qu'il n'était rien de plus consolant pour le négociant, que de pouvoir compter, sur une justice prompte, sommaire, exercée, sans trop de formalités et à peu de frais, par des juges de sa profession; qu'il n'était rien de plus satisfaisant pour lui et de plus utile pour l'État, qu'une institution chargée de veiller à la prospérité du commerce, occupée à indiquer les sources qui doivent le fertiliser, et les digues à opposer aux torrens qui le menacent et le ravagent;

qu'une institution par l'intermédiaire de laquelle sa voix peut être portée jusqu'au pied
du trône, et être écoutée.

Je terminai mon exposé en faisant remarquer qu'un des moyens les plus efficaces pour
faire régner dans ces contrées la candeur, la
franchise, la bonne foi, la confiance dans
toutes les opérations, bases des vertus d'après
lesquelles le commerce honore celui qui l'ex-
ploite, serait de détruire le préjugé qui privait
les sujets russes exerçant le commerce, de la
considération due à l'état de négociant, à des
hommes dont les talens et l'industrie tendent
et parviennent à lier les nations par l'échange
de leurs superflus, qui deviennent des besoins
respectifs ; à faire du genre humain une seule
famille dont les divers membres s'entraident,
et à vivifier la terre en mettant son vrai prix
au travail du cultivateur.

Ces services que les négocians rendent à
leur patrie étaient parfaitement sentis et appré-
ciés par le gouvernement. Il était également
convaincu que le commerce et la navigation
de la Mer-Noire seraient pour l'empire une
source inépuisable de richesses et de prospérité ; que les faveurs, que les secours qu'il
leur accorderait, attireraient en foule à Cherson, des commerçans, des navigateurs et des

1781. hommes de tous les arts, qui apporteraient avec leurs capitaux mille moyens d'industrie; que la voie des encouragemens et des récompenses était la plus propre et la plus sûre pour mettre en valeur des conquêtes aussi précieuses, acquises au prix de tant de sang et de tant d'argent; que la concurrence qui s'établirait pour l'achat de ses productions et pour la vente de celles que la Russie tirait de l'étranger, tournerait doublement à son avantage; que désormais ses denrées ayant un débouché ouvert par les deux mers qui baignent ses côtes du nord et du midi, si jamais il lui était suscité dans la Baltique une guerre qui interrompît ses exportations, elles trouveraient un écoulement suffisant par la Mer-Noire.

Je pouvais également me dispenser de faire mention dans mes mémoires, et de l'accroissement prodigieux que retireraient la culture et la population de l'empire par cette extension dans son commerce, qui ferait encore plus pencher la balance en sa faveur, et de l'influence qu'aurait ce surcroit d'exportation sur le cours de son change avec l'étranger, qui lui deviendrait plus avantageux; considération importante dans un pays où l'on a mis beaucoup de papier monnaie en circulation.

Mais il n'était point déplacé que je cher-
chasse à rendre plus sensible encore l'idée
qu'on s'était formée des ressources que procureraient aux Russes ces intérêts de commerce,
pour se perfectionner davantage dans la
science du commerce extérieur et dans l'art
de la navigation. Ces intérêts devaient les
rapprocher et les mettre dans des relations
intimes avec les Français, nation la plus liante,
la plus ouverte, la plus confiante, la plus
communicative, sur les procédés en affaires,
de tous les autres peuples commerçans.

Les avantages que retirerait la France en
particulier, des communications directes qui
s'établiraient entre ses ports et ceux de la
Mer - Noire, étaient trop évidens pour que
l'on pût douter que cette puissance ne cher-
chât à les faciliter.

Il était indifférent à la Russie que ses vues
et ses arrangemens pour ces rapports de commerce contrariassent les intérêts de quelques
autres nations. Elle ne devait s'occuper que
du bonheur de ses peuples et du soin de les
faire jouir respectivement du domaine que la
nature avait assigné à chacun d'eux ; aussi le
gouvernement ne s'arrêta-t-il pas à la diminution qu'étaient menacés d'éprouver, dans leurs
exportations, les ports de Riga et de Péters-

1781. —— bourg. Il prévit bien que l'extension que ceux de la Mer-Noire donneraient au commerce de l'empire, compenserait au centuple ce léger sacrifice, qui au fond n'en était pas un pour l'État ; que les différentes combinaisons du commerce de ces deux mers les empêcheraient de se nuire, et que les places de la Baltique n'en conserveraient pas moins leurs relations avec les différens États maritimes situés sur l'Océan.

D'abord elles en sont plus voisines que les ports de la Mer-Noire. Indépendamment de cette circonstance, qui naturellement renchérirait le prix du fret par cette voie-ci, il devait encore être augmenté par les frais et les droits que supporteraient les navires et leurs cargaisons pendant les deux quarantaines qu'ils font, l'une dans les ports de la Méditerranée, l'autre dans ceux de la Mer-Noire.

Je me permis encore de faire observer que ce serait porter un coup d'œil peu juste sur cette nouvelle navigation, que de l'envisager seulement sous les rapports que présente la position géographique des lieux ; que les négocians qui en suivaient de plus près la marche, la considéraient sous un autre point de vue ; qu'ils la voyaient contrariée et prolon-

gée par les deux relâches que les bâtimens
étaient contraints de faire à Constantinople 1781.
pour y prendre les firmans ou passe-ports du
grand-seigneur; par le passage du canal de
cette capitale, connu sous le nom ancien de
Bosphore de Thrace, où l'on ne peut naviguer que vent arrière; par les vents du nord
qui y règnent ordinairement en été pendant
deux à trois mois consécutifs; par la quarantaine dans les ports de la Méditerranée; par
celle dans les ports de la Mer-Noire; par les
glaces qui, vers la fin du mois de décembre,
toujours en janvier et dans les premiers jours
de février, ferment l'entrée de Cherson, et,
pendant ces trois mois entiers, le port de Taganrok.

Telles sont en substance les principales observations répandues dans les différens écrits
que je rédigeai, pendant mon séjour à Pétersbourg, sur le commerce et la navigation
de la Mer-Noire. M. le marquis de Vérac eut
la bonté de conférer sur tous ces points, à
diverses reprises, avec M. le prince de Potemkin, et d'appuyer vivement mes sollicitations.

Elles parurent au prince dignes d'intéresser l'attention de sa majesté impériale. Il an-
nonça à M. le marquis de Vérac qu'il avait

mis mes mémoires sous les yeux de l'impératrice, et les avait accompagnés d'un rapport officiel, favorable aux encouragemens
que j'y demandais.

L'impératrice voulut bien les parcourir,
et s'entretenir avec le prince des divers objets
que j'y traitais. Elle lui renvoya ensuite toutes
ces pièces, et y joignit des remarques écrites
de sa propre main. Quelque tems après, le
prince les remit de nouveau à l'impératrice,
avec ses représentations en réplique aux observations de sa majesté.

Il est plus facile de sentir que d'exprimer
la vive admiration dont furent pénétrés M. le
marquis de Vérac et la légation de France,
en apprenant que l'impératrice s'était occupée
elle-même de ce travail. Quel exemple touchant de la tendre sollicitude d'un souverain
pour la félicité publique, que celui de Catherine II rédigeant les lois qui doivent l'opérer,
et cherchant son bonheur dans celui de son
peuple !

Je présumai que l'article de mes mémoires
concernant les postes, avait particuliérement
été pris en considération, car il en fut établi
une des frontières du gouvernement de Catharinoslaw à Constantinople, pour la correspondance des deux empires.

La

La permission à accorder aux négocians étrangers, établis dans les ports de la Mer-Noire, de faire arborer le pavillon russe sur leurs navires, souffrait de grandes difficultés : le prince, ne jugeant pas le moment favorable pour y faire statuer définitivement par des réglemens généraux, attendu cette réponse de sa majesté impériale, *qu'avec le tems tout se ferait*, adopta des mesures provisoires, et promit à M. le marquis de Vérac de m'obtenir quelques faveurs.

J'appris de lui-même qu'elles consistaient à me donner la faculté de choisir parmi les frégates de sa majesté, qui se trouvaient dans la Mer-Noire, celles que je jugerais propres à me servir de bâtimens de commerce ; qu'il en avait demandé l'état à Cherson, et que l'on me fournirait des matelots de la marine impériale, que je pourrais employer à bord de ces vaisseaux, conjointement avec des matelots étrangers.

Il s'écoula quelque tems avant que la liste de ces frégates fût arrivée de Cherson et eût été communiquée à l'impératrice. Mais soit qu'elles fussent d'un tonnage trop considérable, soit qu'on prévît que cette construction militaire ferait naître des embarras à Constantinople, soit plutôt que le projet de la

1782. prochaine occupation de la Crimée , qui avait été résolue , fît juger ces vaisseaux nécessaires si cette démarche occasionnait des armemens en Turquie , il ne fut plus question de la décision de sa majesté impériale , relativement à cet objet.

Le prince n'ignorait pas cependant qu'à la suite des espérances qu'il m'avait données , j'avais attiré en Russie un négociant français , et que l'un de mes frères , auquel je devais l'associer , avait expédié de Constantinople à Cherson , par mon ordre , un chargement de denrées turques.

Il devenait instant de me donner une solution quelconque , et le prince , disposé à me favoriser , se détermina enfin à m'accorder à moi seul , et sans conséquence pour les autres étrangers , les prérogatives que je sollicitais en général pour les négocians qui s'établiraient à Cherson. Cette grace particulière , justifiée en quelque sorte par la nouveauté de mon plan , me mettait à portée de l'exécuter , et n'était , pour le gouvernement russe , qu'un essai de ce qui pouvait en résulter. Il était toujours à tems d'étendre ou de restreindre les facilités qu'il me donnait , d'après les avantages ou les inconvéniens qu'elles auraient produits. Il me chargea de ses ordres à ce

sujet, pour le gouverneur particulier de Catharinoslaw et pour celui de Cherson. Il me fit
donner un bas-officier pour m'accompagner
jusqu'à cette ville.

M. le comte de Vorontzow ne dédaigna pas de
son côté, de me donner plusieurs instructions.

J'osai insister, auprès de ce président du
collége de commerce, sur la nécessité de permettre l'extraction, par le port de Cherson,
des grains, des mâtures et des bois de construction, qui était prohibée, et de procurer
aux négocians de cette place plus de sûreté
pour l'envoi et la réception de leurs fonds
dans les différentes villes de l'empire, en dé-
terminant le gouvernement à assurer la valeur
des envois des billets de banque qui seraient
remis à la poste, et à répondre en conséquence
de leur consignation aux personnes auxquelles
les paquets seraient adressés.

Il fut publié une ordonnance de l'impératrice le 17 septembre 1782, portant établissement d'un comptoir de banque à Cherson,
pour l'échange des assignations ou billets de
banque contre des espèces de cuivre, et à la
suite de cette disposition il fut déclaré que le
département des postes garantirait, moyennant *demi pour cent*, la valeur des billets de
banque envoyés d'une ville à l'autre; que les

numéros de ces effets seraient transcrits sur leurs registres , et les paquets scellés de leur cachet.

Le 27 du même mois sa majesté impériale rendit un second ukase , pour faire jouir d'une entière liberté le commerce des bois et des grains. Elle permettait aux propriétaires des forêts , de vendre les bois destinés à la mâture , avec libre exportation à l'étranger ; elle étendit cette dernière faveur aux blés et à toutes sortes de grains.

C'est dans la même année 1782 , que fut publié le tarif des droits qui doivent être acquittés , par le commerce , dans les douanes des ports et des frontières de l'empire.

Ce tarif prescrivait que les droits de la douane seraient payés , dans les ports de la Mer-Noire, en monnaie courante, et que ceux fixés par le nouveau réglement pour les autres ports de l'empire seraient diminués dans ceux-là d'un quart, à l'exception cependant de quelques articles qui y sont nommément spécifiés.

Je dois sans doute attribuer aux circonstances politiques, et surtout à la nature de mes demandes, le séjour de près d'une année que je fus obligé de faire à Pétersbourg; mais cette longue résidence me devint fort utile.

J'en profitai pour m'instruire de tout ce qui
avait trait aux ordonnances de la marine et
du commerce, au droit du Sund, aux usages
pour le fret, pour les contrats, pour les
avances, pour le change, pour les ventes,
pour les paiemens des débiteurs, pour les
traités par courtier, pour la douane, pour le
transport des marchandises à Cronstad, pour
leur pesage, leur port et leur emmagasine-
ment à Pétersbourg, pour les emprunts et
autres objets. Je tâchai aussi de connaître les
qualités convenables dans les articles qui composent ce commerce, la manière dont il s'ex-
ploitait avec nos ports sur l'Océan; enfin, je
me procurai des comptes d'achat et de vente
simulés de la plupart de ces marchandises.

Ces éclaircissemens me furent fournis, en
grande partie, par M. Michel Pastuchow,
négociant russe d'un très-grand mérite, très-
versé dans la profession du commerce.

Je m'empresse de payer ici le tribut de reconnaissance que je dois à M. le prince Serge
de Gallitzin, pour l'intérêt qu'il daigna constamment témoigner en ma faveur à M. le
prince Potemkin son oncle.

Mais, je l'avoue, et je ne me lasserai jamais
de le répéter, c'est principalement aux bontés

1782.

1782. de M. le marquis de Verac et de son gendre M. le marquis de la Coste, que je suis redevable du succès de mes sollicitations. On ne peut mettre, à obliger, plus de zèle, plus de grâce ni plus d'activité.

CHAPITRE XI.

Retour à Cherson. Formation d'une maison de commerce dans ce port.

De Pétersbourg je retournai à Cherson au mois de juillet 1782. Le commerce des villes que je parcourus se trouvant décrit dans les chapitres VII et VIII de cet Essai, je n'y reviendrai pas.

Les dépêches dont j'étais porteur de la part de M. le prince Potemkin, furent consignées dans les registres du gouvernement et de la douane. J'y trouvai en activité la vente des marchandises de Turquie, que mon frère y avait expédiées de Constantinople. Avant mon départ de Pétersbourg, on y était déjà informé de ce début; il avait prouvé mon empressement à faire le commerce de la Mer-Noire, et contribué à disposer les esprits en ma faveur.

Pendant ce nouveau séjour à Cherson, je pris toutes les mesures relatives à la formation de mon établissement. Son activité dépendait du prompt achat de divers bâtimens

1782.

et de leur expédition. M. le général Hannibal voulut bien, à ma prière, communiquer aux ministres de l'impératrice, à Constantinople et à Paris, les ordres qu'il avait reçus à ce sujet: il les engageait à me permettre d'arborer le pavillon russe sur mes navires, et à leur faire délivrer les papiers de bord nécessaires. Il me qualifia d'habitant de Cherson, et je désignai, pour me représenter dans cette ville, mon frère et son associé.

CHAPITRE XII.

*Départ pour la Pologne; notions gé-
nérales sur son commerce. Mémoires
présentés au roi et à l'ambassadeur
de Russie, pour faciliter le commerce
de la Pologne par Cherson; projets
formés pour le mettre en mouvement.*

J'AVAIS terminé ma mission en Russie : celle
qui me restait à remplir en Pologne, avant de
me rendre à Versailles, consistait à prendre
connaissance des relations de commerce,
qui pouvaient s'établir par Cherson entre ce
royaume et la France.

Je pris en conséquence la route de Varsovie, et traversai les palatinats de Kiovie,
de Volhinie et de Lublin.

La position géographique et les productions des deux premiers districts, celles du
grand-duché de Lithuanie, ainsi que des palatinats de Braclaw, de Pocutie et de Podolie,
indiquaient l'importance du commerce que les
négocians de Cherson feraient un jour avec
ces grandes et fertiles provinces. On y trouve

en abondance toutes sortes de grains, du suif, de la cire, du salpêtre, du tabac, des bœufs, de la potasse et du bois de chêne. Elles produisent beaucoup de chanvre, du lin, de la laine et des mâtures; elles fournissent aussi des cuirs, du miel, des peaux de lièvres et des toiles grossières.

Les marchandises propres à la consommation de ces contrées sont les vins, les draps fins, le café des îles, le sucre raffiné, l'huile d'olive, les fruits secs, les soieries de divers genres, les salaisons, les articles de modes, de parfumerie et d'ameublement, les confitures, les liqueurs, les épiceries, les drogues qui entrent dans la teinture, comme indigo, garance, galles et autres.

Dès mon arrivée à Varsovie je me rendis chez M. de Bonneau, agent français, qui depuis a été nommé consul-général en Pologne. Je le trouvai prévenu sur l'objet de mon voyage, et très-empressé à m'aider de ses lumières et de son crédit.

Il m'instruisit du projet de sept grands seigneurs terriens de l'Ukraine et de la Volhinie, et de trois riches banquiers polonais qui s'étaient liés par une convention, pour exploiter leurs propres denrées, et celles qu'achèterait leur compagnie, en vendant les

unes et les autres dans la Pologne même, ou
dans les ports d'Akkerman et d'Oczakow, 1782.
à des négocians étrangers, dont ils rece-
vraient en échange des marchandises de leur
pays.

Ils n'ignoraient pas les vues qui m'attiraient
en Pologne, ni l'intérêt qu'y prenait notre
gouvernement, et ils étaient informés des facilités accordées à mon établissement de Cherson par la Russie. Ils s'étaient bornés à une
simple souscription, et s'étaient proposé de
développer mieux leur plan, et d'y donner de
la consistance après qu'ils en auraient conféré
avec moi, et approfondi jusqu'à quel point
je pouvais concourir à son exécution.

Le roi de Pologne desirait vivement que ses
provinces méridionales profitassent au plus tôt
de l'issue avantageuse qu'offrait à leurs productions l'admission des bâtimens russes dans
la Mer-Noire

M. le comte de Stackelberg, ambassadeur
de Russie, assurait que l'impératrice, toujours disposée à donner des preuves de son
attachement à la nation polonaise, avait déclaré libre l'importation de ses denrées à Cherson ; que ce port était susceptible de devenir le principal entrepôt du commerce du
royaume; que les Polonais qui fréquenteraient

Cherson, y seraient accueillis, favorisés et protégés.

Cette perspective était d'autant plus encourageante, et ces avantages d'autant plus précieux, que la sortie des marchandises de Pologne par les ports de Dantzick, d'Elbing et de Kœnisberg, était grévée de droits excessifs et d'une multitude d'entraves, surtout à leur passage pour Dantzick sur le territoire prussien. Le commerce d'entrée était assujetti à des douanes et plus fortes et plus rigoureuses; il rencontrait, jusque dans la Silésie, des barrières qui surchargeaient le prix des marchandises que le royaume tirait de l'étranger.

Il était évident que la cour de Berlin s'occupait du triple objet d'introduire les siennes en Pologne, et de les y débiter presque exclusivement; de concentrer dans ses mains le commerce des Polonais, et de le détourner entiérement du port de Dantzick, route beaucoup plus commode, plus courte et moins dispendieuse que celle des villes prussiennes d'Elbing et Kœnisberg.

La cour de Vienne avait, depuis peu, jugé de son intérêt et de sa politique de permettre, moyennant un modique droit, le transit des marchandises destinées pour la Pologne, qui passeraient par la Bohême, la Moravie et la

Hongrie. C'était inviter les négocians à préférer cette voie à celle de la Silésie.

La fourniture du sel, qui faisait sortir annuellement du royaume un numéraire considérable, avait aussi excité l'attention de la cour de Vienne, et elle était parvenue à se l'approprier dans ce tems-là, à l'exclusion des Prussiens.

Cet exposé donne une idée de la situation précaire du commerce de la Pologne et de son état de décadence. Les exportations y diminuaient tous les ans, et leur valeur était de beaucoup inférieure à celle des importations. Le solde était donc payé en argent, et il n'était que trop probable qu'insensiblement ce royaume n'aurait plus ni espèces ni commerce.

Il était conséquemment très-intéressant pour la Pologne, qu'elle pût établir par la Mer-Noire, des relations mercantiles qui la tirassent de cette fâcheuse position. Le transport des productions polonaises à cette mer était d'autant plus aisé, que la plupart des articles qui s'exportent par Dantzick, Elbing et Kœnisberg, se récoltent dans les provinces méridionales qui avoisinent le Pont-Euxin.

Ces articles pouvaient descendre à Akkerman par le Niester, à Oczakow par le Bog,

1782.

—— et à Cherson par le Niéper. Abstraction faite de cette triple navigation intérieure, il était plus facile et plus économique de les voiturer par terre à la Mer-Noire, que d'en diriger le charroi jusqu'à la Vistule, et de les embarquer sur ce fleuve pour les ports de la Baltique.

Je devais avant tout recueillir ces différentes notions sur la marche actuelle du commerce de la Pologne, et sur la direction opposée qu'il était possible de lui donner pour pouvoir établir mes combinaisons et régler mes mouvemens. M. de Bonneau me présenta en premier lieu à M. l'ambassadeur de Russie : j'en reçus l'accueil le plus flatteur, et l'assurance qu'il appuyerait toutes mes demandes et favoriserait le succès de mes spéculations en Pologne par Cherson.

J'eus ensuite l'honneur d'être présenté au roi. Sa majesté daigna me faire quelques questions sur mon établissement à Cherson, et sur le débit que ses sujets pourraient y trouver de leurs productions. Elle m'entretint de l'entreprise que projetaient divers grands terriens et des banquiers, m'invitant à me lier avec eux pour les aider à frayer cette nouvelle route. Ce prince voulut bien me permettre en outre de lui adresser des représentations sur les en-

traves qui me paraîtraient devoir arrêter ou
retarder leurs efforts et les miens. Il eut la 1782.
bonté de me faire espérer toute protection
de sa part.

On avait mal-à-propos répandu à Varsovie
que le commerce était livré au monopole à
Cherson ; que les douaniers vexaient ceux qui
allaient y trafiquer. C'est par rapport à ces
craintes, et parce que les propriétaires de
grandes terres étaient plus à portée d'Akkerman et d'Oczakow, qu'ils étaient plus dis-
posés à faire transporter leurs denrées à ces
ports turcs, qu'à celui de Cherson.

Il ne fut pas difficile de faire comprendre à
M. le comte de Moszinsky et aux banquiers,
dans mes divers entretiens avec eux sur leurs
projets, que cette dernière voie leur convenait mieux à tous égards, et qu'il était autant
de leur intérêt que d'une saine politique de la
préférer.

M. le comte de Moszinsky, le principal
moteur de cette entreprise, et les banquiers
intéressés autant que lui à la mettre le plus tôt
possible en activité, se rendirent avec plus de
peine, et ne cédèrent même que partiellement
à mes invitations d'expédier en France, pour
leur compte, sur des navires russes, leurs
propres récoltes et toutes les marchandises

que la compagnie achèterait. Je leur observai que dans le principe il me serait impossible de faire avec eux des affaires d'une très-grande importance ; que dans ce moment j'étais le seul avec lequel ils pussent en contracter quelques-unes, que je devais d'abord m'occuper de l'achat des productions russes, qu'ils trouveraient à débiter immensément des leurs s'ils les faisaient passer dans l'étranger ; que soit à Cherson, soit à Marseille, ils pouvaient compter sur mon zèle, mon expérience et mes soins pour les seconder dans ces envois, en faciliter la vente et en assurer les retraits ; que s'ils adoptaient cette marche, il convenait qu'ils formassent à Varsovie une maison de commerce qui pût diriger et suivre toutes ces opérations dans cette capitale et dans l'intérieur.

Je mis sous leurs yeux un projet de contrat de société, qui applanissait toutes les difficultés qu'ils opposaient à mon plan. J'offris de prendre un intérêt dans cette compagnie. Le roi et M. le comte de Stackelberg se montraient favorables au parti que je suggérais, et le regardaient comme le plus propre à établir tout de suite de très-grands rapports entre la Pologne, Cherson et la France.

Mais comme il s'agissait de changer de
principes,

principes et de faire naître de nouvelles vues; que celles - ci exigeaient la connaissance du commerce extérieur, il était naturel que l'on s'y livrât avec quelque réserve. Je dus donc considérer comme un grand pas de fait la résolution que prirent par écrit, en ma présence, M. le comte de Moszinsky et les banquiers qui agissaient au nom de tous les intéressés, de m'adresser au printems prochain, à Marseille, une cargaison de la valeur de cent mille francs, composée des différentes marchandises que produit la Pologne. Ils me dirent que le résultat de cette épreuve les guiderait; que si le succès y répondait, ils ne balanceraient pas à fonder la maison de commerce dont je leur avais donné l'idée.

Ces mesures une fois convenues, j'eus l'honneur de remettre à M. le comte de Stackelberg un mémoire dans lequel je représentais que le cours qu'allait prendre le commerce de Pologne vers Cherson, m'invitait à le supplier de solliciter des bontés de l'impératrice :

1°. Qu'elle daignât manifester de nouveau, et fixer invariablement les lois et les principes de liberté d'après lesquels elle permettait de commercer à Cherson;

2°. Que les marchandises de Pologne, desti-

F

1782.

nées pour cette ville, pussent y parvenir sans payer aucune douane;

3°. Qu'on eût la faculté de les exporter de Cherson en acquittant les droits fixés sur les productions russes de même nature;

4°. Qu'il fût établi un droit de transit fort modique sur les marchandises étrangères qui arriveraient à Cherson, avec destination pour la Pologne;

5°. Que, pour la correspondance qui résulterait de ces relations, il fût établi des bureaux de poste qui communiquassent directement avec ceux de la Pologne, les plus voisins de Cherson.

M. le comte de Moszinsky et les banquiers remirent aussi à M. le comte de Stackelberg des représentations par écrit, qui tendaient au même but. Cet ambassadeur voulut bien nous promettre d'envoyer à sa cour ces suppliques, et de les appuyer. Nous étions bien convaincus que ce ministre, dont les vertus et les qualités éminentes n'étaient égalées que par son zèle, s'empresserait de contribuer à la restauration de la Pologne et à sa prospérité.

La requête que j'eus l'honneur de présenter au roi retraçait à sa majesté les différentes facilités desirées de la cour de Pétersbourg. Il

y était ensuite fait mention de celles qui dé-
pendaient du roi et de la diète , nommément
des arrangemens à prendre pour faire correspondre les bureaux de poste des frontières , avec ceux de Russie. Mais l'objet que sa
majesté était suppliée d'envisager comme le
plus important et le plus utile , était la franchise de tous droits à obtenir pour quelques
années à la prochaine diète , en faveur du
commerce que la Pologne ferait par Cherson.
Ces droits étaient considérables , puisqu'ils
s'élevaient de 8 à 10 pour 100 sur l'importation , et de 4 à 6 pour 100 sur l'exportation.

Sa majesté accueillit avec bonté mes observations, et se montra disposée à les prendre en considération. On verra dans la suite
de cet Essai, qu'elle ne refusa aucune des
faveurs qui lui avaient été demandées , et
que l'impératrice, en 1784, accorda de son
côté toutes celles qui devaient concourir à
l'utilité commune de la Russie et de la Pologne. Quelque tems après mon départ de
Varsovie , il fut établi une poste aux lettres
à Bohopol pour communiquer au bureau
d'Olviepol, qui appartenait à la Russie.

Je ne saurais me dispenser de rendre ici à
l'active sagacité de M. de Bonneau, les té-

1782.

F 2

—— moignages qu'elle mérite. Pendant toute la durée de mon séjour à Varsovie et depuis mon retour en France, son empressement à coopérer au succès de mes projets ne s'est jamais ralenti. Ses conseils assurèrent à mes propositions l'accueil favorable dont elles furent honorées en Pologne. C'est à l'assiduité de ses bons offices et de sa correspondance que je suis redevable des suites heureuses qu'a pu avoir cette partie de mon projet, et le plaisir que je ressens à lui répéter cet hommage sincère est au dessus de toute expression.

Il serait superflu d'observer qu'en Russie comme en Pologne, mes mouvemens pour mettre en activité le commerce que ces deux États étaient susceptibles de faire avec la France par la Mer-Noire et la Méditerranée, avaient été remarqués par les ministres étrangers, et il est aisé de distinguer les cours dont les représentans devaient chercher à connaître plus particuliérement l'issue de mes démarches.

Il me tardait d'être rendu à Versailles pour y rendre compte du résultat de mon voyage. Je partis de Varsovie vers le milieu du mois de septembre de l'année 1782.

CHAPITRE XIII.

Arrivée à Versailles. Compte rendu des démarches faites en Russie et en Pologne. Mémoires, notices et observations remis au ministre des affaires étrangères, à celui de la marine et au contrôleur-général, sur les obstacles à lever, les facilités à accorder, et les encouragemens à donner pour établir promptement de grands rapports de commerce entre Marseille et Cherson.

Dès mon arrivée à Versailles j'eus l'honneur de mettre sous les yeux de M. le maréchal de Castries et de M. le comte de Vergennes la copie des mémoires que j'avais présentés en Russie et en Pologne. J'y joignis un tableau succinct de ma conduite, et une notice de l'opinion que j'avais conçue de ces nouveaux rapports de commerce.

L'utilité que pouvaient en retirer nos relations commerciales et notre politique, fut

1782.

———— vivement sentie par ces ministres. Ils m'exhortèrent à m'occuper des moyens d'effectuer ce projet, daignèrent m'assurer qu'ils en protégeraient l'exécution, et qu'ils m'accorderaient toutes sortes de facilités et d'encouragemens.

Aussitôt que ces dispositions favorables me furent connues, je me rendis chez M. le prince Bariatinskoy pour lui remettre la lettre de M. le général Hannibal; mais ce ministre de l'impératrice ne se crut point suffisamment autorisé par cette dépêche, à permettre que mes navires arborassent le pavillon russe, et reçussent leurs expéditions des consuls de sa majesté impériale. Il m'exprima son regret sur le délai qu'il mettait à satisfaire à ma demande ; il me promit de solliciter de sa cour une prompte réponse, et de lui représenter qu'il jugeait mon entreprise digne, par sa nature et ses conséquences, de la faveur qui paraissait m'avoir été accordée.

M. le comte de Vergennes eut la bonté d'informer M. le marquis de Vérac du retard que me faisait éprouver l'instruction plus formelle desirée par M. le prince Bariatinskoy. Il lui recommanda d'agir auprès de M. le prince Potemkin, pour que le ministre de Russie près de notre cour reçût prompte-

ment la confirmation de la dépêche de M. le
général Hannibal. 1783.

J'appris, peu de tems après, que l'on avait
rempli à Constantinople mes intentions pour
l'achat d'un bâtiment; que M. de Bulhacow,
envoyé de la cour de Russie près la Porte,
avait consenti qu'il naviguât sous le pavillon
russe, d'après une lettre écrite par M. le général Hannibal à ce ministre, et semblable
à celle remise à M. le prince Bariatinskoy. Ce
vaisseau se rendit à Cherson avec une cargaison de denrées turques, et il en repartit tout
de suite chargé de marchandises de Russie.

La réponse de M. le prince Potemkin parvint, au commencement du mois de mars,
à M. le prince Bariatinskoy : le prince lui
adressait trois patentes numérotées 1, 2, 3,
chacune desquelles devait servir pour un de
mes bâtimens ; ce sont les premières qu'ait dé-
livrées ce principal ministre. Il y disait « qu'en
» conformité du très-haut commandement de
» sa majesté impériale, par lequel il était au-
» torisé à donner aux sujets de sa majesté des
» pavillons pour leurs navires de commerce qui
» s'expédient pour la Mer-Noire et la Méditer-
» ranée, il m'était permis à moi, habitant de
» Cherson, de commercer dans lesdites mers,
» d'arborer le pavillon russe sur mon vaisseau

1783.

» nommé. . . . . , afin que de cette ma-
» nière je pusse avoir une navigation libre
» dans lesdits ports, y exercer le commerce
» sans aucun empêchement, etc. »

Le nombre des navires que j'armais, et ceux dont je projetais encore l'acquisition, exigeant d'autres patentes, les ministres de l'impératrice, à Paris, daignèrent en faire successivement la demande pour moi à M. le prince Potemkin. Il eut la bonté d'envoyer en 1784 et 1785, à M. Peschier, consul de Russie à Marseille, huit de ces passe-ports; mais l'effet de ceux-ci était limité à trois ans, à compter du jour où ils avaient été signés.

Le pli adressé à M. le prince Bariatinskoy, qui renfermait les trois premières patentes pour mes navires, avait été remis à M. le marquis de Vérac. Cette attention de M. le prince Potemkin fut remarquée avec sensibilité par M. le comte de Vergennes; il fut, par ce moyen, le premier instruit que nul obstacle ne s'opposait désormais à l'exécution de mon entreprise.

Il ne s'agissait plus que de la voir facilitée par des mesures bienfaisantes de la part du gouvernement, et ces mesures ne pouvaient être déterminées que par des motifs d'une grande utilité, et en raison des difficultés et des entraves que mon zèle et mes efforts ne pouvaient seuls surmonter.

Les mémoires que j'eus l'honneur de présenter à ce sujet à M. le maréchal de Castries, à M. le comte de Vergennes et à M. d'Ormesson portaient en substance : Que Cherson était une colonie naissante où tout était à faire, tant pour le commerce que pour la navigation ; que les négocians qui s'y établiraient, seraient obligés d'y bâtir des maisons pour se loger, des magasins pour y entreposer leurs marchandises ; d'acheter des bâtimens pour le service de leur négoce, d'envoyer et de salarier des agens qui possédassent les talens propres aux diverses branches de ce commerce, principalement pour celles des mâtures, des bois de construction, des viandes salées et de la fonte des graisses.

Je faisais remarquer ensuite que ces dispositions primitives exigeaient des fonds considérables ; qu'il en fallait de nouveaux pour l'achat des productions françaises et pour celui des denrées de Russie ; que l'on ne trouvait point à réaliser, dans Cherson, une certaine quantité des premières contre des espèces ; que les marchandises russes étaient toujours payées comptant, et que le plus souvent le tiers ou la moitié de leur valeur l'était par avance au moment de la signature des traités ; que dans le principe l'on serait forcé d'aller faire des emplètes dans les sources mêmes ; que l'exploitation de ce commerce était assujettie à des longueurs nécessitées par les deux quarantaines auxquelles il était soumis à Cherson et à Marseille.

Cet exposé mettait à portée de conclure qu'il fallait de grands moyens et beaucoup de coopérateurs à l'établissement projeté, pour animer ses entreprises, en accélérer les progrès, et embrasser les vastes spéculations que présentait cette nouvelle carrière.

N'était-on pas en effet fondé à attendre ce prompt développement de l'industrie et des ressources d'une maison commerçante, formée sous les auspices des deux cours de France et de Russie ?

Je représentais que la nôtre devait se promettre des avantages immenses de cette communication ;

Qu'elle procurerait un surcroît très-important de consommation à nos manufactures, à nos productions territoriales et à celles de nos colonies, parce que leur introduction dans les provinces méridionales de la Russie et de la Pologne était singuliérement favorisée, et par la briéveté de cette communication, et par les droits qu'on avait imposés sur ces importations;

1783.

Qu'elle serait très-utile à la marine du roi pour ses approvisionnemens en munitions navales, qui jusqu'alors lui avaient été fournies exclusivement par les ports de Riga et de Pétersbourg, car ces munitions seraient puisées dans les mêmes sources par ceux de la Mer-Noire, qui en étaient beaucoup moins éloignés que les villes ci-dessus; qu'ainsi au lieu d'une voie pour faire ces exportations de la Russie, nous en aurions désormais deux, l'une au nord, l'autre au midi de cet empire; que cette dernière, qui dans tous les tems serait pour nos ports sur la Méditerranée, plus courte et plus économique que l'autre, aurait encore en tems de guerre l'avantage d'être plus sûre; que l'on pourrait alors en profiter pour faire parvenir des munitions à nos arsenaux sur l'Océan, par le canal du Languedoc, si l'on n'aimait mieux doubler la construction dans le port de Toulon;

Que cette communication offrait les mêmes ressources à la marine marchande; que nous y trouverions aussi la même économie pour l'importation des autres denrées de Russie et de Pologne, notamment pour celle des blés, dont les greniers de ces deux États régorgent presque toujours;

Qu'elle ouvrirait un nouveau théâtre à l'industrie des négocians français, qu'elle en attirerait un grand nombre en Russie, et leur fournirait les moyens d'acquérir une connaissance plus parfaite du commerce de cet empire avec la France; de sorte qu'insensiblement il ne se ferait plus par une main tierce et sous des pavillons étrangers, mais uniquement sous ceux de France et de Russie;

Qu'elle occuperait beaucoup de navigateurs et de matelots français, parce que nos liaisons directes les feraient préférer pour compléter l'équipage des navires russes; que cette occasion était favorable pour les exercer à la navigation de la Mer-Noire;

Qu'elle donnerait un nouvel éclat au port de Marseille, puisque tous les bâtimens, dont les cargaisons seraient destinées pour le royaume, viendraient y faire leur quarantaine et leur débarquement, et y verseraient conséquemment beaucoup d'argent pendant leur séjour;

Qu'elle était susceptible d'améliorer notre commerce avec Constantinople, car les négocians de cette capitale, ne pouvant se pro-

curer pour leurs retours que quelques chargemens de laines, au lieu de faire dans les 1783.
échelles voisines des achats qui y surhaussent
le prix des denrées turques, composeraient
leurs retraits en productions de Russie, par
l'entremise des négocians de Cherson, et il
en résulterait nécessairement plus d'égalité
dans l'importation et l'exportation du commerce du Levant;

Qu'un des plus heureux effets de cette communication serait d'établir un change direct
entre la France et la Russie, événement desirable dans notre commerce avec cet État,
et qui l'affranchirait des frais de banque et
d'entremise qu'il acquitte aux Hollandais;

Qu'elle fournirait des viandes de bœuf salées, aussi bonnes que celles d'Irlande, avec
un avantage sensible dans les prix, et que par
cette concurrence nous parviendrions à partager d'abord avec les nations rivales, et peut-
être à leur enlever par la suite cette branche
utile de leur commerce chez nous;

Qu'elle nous mettrait en grandes relations
d'affaires avec la Pologne, où nous en avions
très-peu; que, prenant intérêt à ce royaume,
nous pouvions le vivifier en ouvrant à ses
productions des débouchés dont le défaut l'a-
vait réduit à un état de langueur; que l'em-

 pereur et le roi de Prusse s'empressant à l'envi d'y favoriser le débit des produits de leurs fabriques, il était intéressant pour nous d'y introduire également les nôtres, et de tâcher de les faire préférer par les consommateurs;

Qu'elle procurerait une extension assez considérable à notre commerce en Russie, pour que nous pussions entrer en partage de celui de cet empire avec les Anglais; ce qui affaiblirait l'influence et le crédit dont ils y jouissent;

Que cette communication une fois bien établie, et le gouvernement russe ne voyant suivi d'aucun inconvénient l'usage que j'aurais fait des prérogatives et des facilités qui m'avaient été accordées, il finirait par y faire participer tous les Français qui voudraient imiter mon exemple;

Qu'elle accoutumerait le peuple turc à les voir naviguer et commercer dans la Mer-Noire, et rendrait la Porte moins craintive sur les effets du mécontentement populaire, si jamais elle était vivement pressée de permettre la navigation de cette mer à notre pavillon;

Qu'elle cimenterait et rendrait plus durables les liens de la paix entre la Porte et la Russie, parce que, d'une part, lorsque ces intérêts de

commerce auraient pris de l'accroissement , 1783.
les Russes les sacrifieraient plus difficilement
à des vues de conquêtes, et que de l'autre la
situation des Turcs les mettait à même d'in-
terrompre tout à coup le cours de ce commerce, et de faire essuyer de grandes pertes à
leurs ennemis ; qu'une déclaration de guerre
ruinerait leurs villes commerçantes , et qu'en
outre la Russie éprouverait , dans son change
avec l'étranger , une baisse dont la rareté du
numéraire lui rendrait les conséquences encore plus funestes ;

Qu'elle amenerait infailliblement cette puissance à faire avec nous un traité de commerce, où serait sans doute stipulée l'observation respective des principes de la neutralité armée ;

Que , par cette convention , nous serions
naturellement aussi favorisés que les Anglais
sur l'objet important des douanes ; qu'à cette
occasion l'on pourrait obtenir une diminution
sur les droits de la plupart de nos marchandises, qui étaient imposées à un taux exhor-
bitant ; que ces facilités animeraient infiniment
les expéditions de nos ports sur l'Océan, pour
ceux de Russie sur la Baltique ; qu'elles en-
courageraient beaucoup les négocians français à y former des établissemens, et qu'enfin

ce traité, desiré vainement depuis le règne de Pierre-le-Grand, aurait des suites considérables en politique.

Je concluais, d'après toutes ces considérations, qu'il convenait de saisir sur le champ la faculté qui m'avait été donnée de former une maison de commerce à Cherson, et d'envoyer mes navires à ce port sous le pavillon russe. En terminant mes mémoires, j'osai faire observer que les obstacles que j'avais rencontrés pour obtenir ces prérogatives, n'avaient cédé qu'à une persévérance pénible qui avait duré deux ans ; que j'aimais à l'attribuer moins à ma patience personnelle, qu'aux sages conseils et à l'approbation encourageante des ministres de sa majesté ; que je serais trop heureux si l'on daignait apprécier, d'après mon état et mon âge, le sacrifice que j'avais fait d'un aussi long espace de tems, et considérer mon dévoûment pour le bien de l'État, qui m'avait engagé à frayer une nouvelle route à l'industrie de mes concitoyens, comme la preuve la plus convaincante de mon zèle, de mon émulation, et du desir qui m'animerait toujours de mériter la bienveillance du gouvernement.

Les encouragemens que je sollicitai pour mon entreprise, consistaient :

1°.

1°. Dans la protection spéciale du roi en faveur de ma maison de commerce ;

2°. Dans la réduction du terme de la quarantaine pour les navires russes qui viendraient des ports de Russie sur la Mer-Noire à Marseille ;

3°. Dans la suppression provisoire du droit de tonneau sur les bâtimens de cette nation, et de celui de 20 pour 100, montant, avec les 10 sous par livre, à 30 pour 100 sur la valeur des marchandises russes, imposition équivalente à une loi prohibitive, et uniquement applicable au commerce de la France au Levant, duquel il est essentiel d'exclure les négocians et les pavillons étrangers ;

4°. Dans l'abolition, également provisoire, du droit de consulat que percevait à Marseille la chambre de commerce sur les importations du Levant, attendu qu'il ne s'agissait point des productions turques, mais de denrées russes, qui, étant exemptes de ce droit et de tout autre à Marseille lorsqu'elles y arrivaient de la Baltique, ne devaient point acquitter les impositions mises sur notre commerce avec les États du grand-seigneur, quoique les navires qui les transportaient traversassent les mers ottomanes ; que soit qu'elles vinssent du nord ou du midi de la Russie,

G

1783.

c'étaient toujours des marchandises du crû de cet empire, et que, loin de gréver de droits celles qu'on importerait par la Mer-Noire, il faudrait accorder des primes à leur transport par cette route ;

5°. Dans un prêt de 50,000 livres pour faciliter l'achat ou la bâtisse d'une maison et magasins à Cherson, avec obligation de les rembourser dans quelques années sans intérêts ;

6°. Dans la cession, pour quelque terme, de plusieurs navires du nombre de ceux achetés par le roi, pendant la guerre, pour servir de transport, et dont la paix venait de faire déterminer la vente ;

7°. Dans la préférence à donner à mon établissement pour les approvisionnemens en munitions navales, que les arsenaux du roi tireraient de Cherson ;

8°. Dans la permission de prendre des navigateurs français pour l'équipement de mes navires portant le pavillon russe.

CHAPITRE XIV.

Résultat des observations et demandes adressées au gouvernement français.

LES différentes demandes que j'avais faites à notre gouvernement me furent accordées, à 1783. l'exception de celle relative à la quarantaine, pour la durée de laquelle l'on s'en rapporta à la prudence du bureau de santé de Marseille.

Il fut décidé, au sujet du droit de consulat, que je l'acquitterais sur les marchandises de la nature de celles que notre commerce tire du Levant; mais qu'à la fin de l'année j'en présenterais l'état, et que le montant m'en serait remboursé par la chambre de commerce de Marseille (1). Le ministre la prévint de cet arrangement particulier, adopté en attendant que les circonstances invitassent à en prendre un général pour tous les Russes et les Français qui feraient ce commerce.

---

(1) Dans la suite elle n'exigea que mes soumissions, et elle me les rendait à la fin de l'année, de sorte que j'ai toujours été affranchi de ce droit. A mon exemple, d'autres maisons de Marseille avaient sollicité et obtenu la même exemption.

L'administration de Toulon eut ordre de me livrer les navires dont je ferais choix, sur le nombre de ceux exposés en vente aux enchères, et M. le maréchal de Castries daigna consentir à ce que je payasse le prix qui en serait réglé dans le terme de trois ans, et **en** munitions navales.

Ce ministre me donna de suite ses ordres pour l'achat de deux chargemens de mâtures et d'un essai en chanvre, et il me fit fournir un crédit sur Amsterdam pour la valeur de cette commission.

L'article du prêt de 50,000 livres dépendait de M. d'Ormesson, contrôleur-général des finances, M. le maréchal de Castries et M. le comte de Vergennes voulurent bien lui écrire pour lui recommander cette demande. Il eut la bonté de la mettre sous les yeux du dixième comité tenu en présence du roi le 4 juillet 1783. Sa majesté approuva le rapport de ce ministre. Il y rendait compte du résultat de la mission dont le roi m'avait chargé, de l'accueil qu'avait obtenu mon projet à Pétersbourg, de la grace distinguée que fit l'impératrice à mes mémoires en les apostillant de sa main, des avantages que procureraient à notre commerce et à notre marine les relations prêtes à s'ouvrir, par la Mer-Noire, entre les ports russes et les nôtres, et dont il convenait par conséquent de favoriser le début.

1783.

Sa majesté daigna écouter avec bonté la lecture de ce rapport, et examiner, avec beaucoup d'attention, la carte que j'avais dressée de la navigation intérieure de la Russie et de la Pologne, pour servir de tableau comparatif de la direction actuelle du commerce de ces deux États vers la Baltique, et du cours dont il serait susceptible vers la Mer-Noire (1).

J'avais présenté, à la même époque, à la compagnie des fermiers-généraux, quelques observations sur l'introduction en France du tabac d'Ukraine par la Mer-Noire; mais ceux de l'Amérique allaient arriver en abondance, et j'entrevis que mes offres ne pouvaient être agréées qu'autant que la qualité des tabacs que je proposais d'extraire de l'Ukraine, satisferait complétement les inspecteurs des fermes par sa supériorité, et que je m'obligerais de livrer ces tabacs dans nos ports à un prix fort inférieur à celui que leur coûtait cette même denrée importée de la Baltique.

Je ne pouvais non plus éprouver un concours réel de la part de la compagnie des

____

(1) Cette carte a été refaite, et est jointe à cet ouvrage.

1783.

vivres de la marine, pour des fournitures en bœuf salé d'Ukraine. Elle avait une marche tracée pour ces approvisionnemens, et elle parut ne pouvoir encore s'en écarter.

Ne pouvant donc espérer, avec quelque fondement, de lier des marchés avec ces deux compagnies, malgré le desir que le ministre en avait témoigné aux principaux directeurs, je m'appliquai à connaître de quelle utilité pouvait être la consommation qu'elles faisaient en tabac et en viandes salées. Je reconnus que cette ressource serait d'un grand prix pour mon entreprise lorsque son activité me permettrait d'en profiter. J'étais très-empressé de m'éloigner de Paris, et de me rendre à Marseille pour y commencer mes expéditions.

Mais avant d'arriver dans cette ville, je dus m'arrêter à Lyon pour y recueillir des notions sur les produits de ses manufactures, propres pour la Russie et la Pologne, tels que taffetas, satin, damas et autres genres d'étoffes.

CHAPITRE XV.

Arrivée à Marseille. Achat à Toulon de divers navires. Leur expédition pour la Mer-Noire.

JE ne pus être rendu à Marseille qu'à la fin de l'année 1783; peu de jours après j'allai a Toulon pour y choisir quelques navires dans le nombre de ceux dont le gouvernement avait ordonné la vente, et qu'il consentait à me céder au prix de l'estimation.

1783.

Il m'en fut délivré cinq de différentes grandeurs. Je les fis réparer et armer sur le champ. Trois firent route sous le pavillon français pour Constantinople, et y reçurent de M. de Bulhacow, envoyé de l'impératrice, la permission d'entrer dans la Mer-Noire sous celui de la Russie. Les deux autres vinrent l'arborer à Marseille, en vertu des ordres et des patentes adressés à cet effet au consul de sa majesté impériale dans ce port.

En signe et hommage de ma reconnaissance, je donnai à chacun de mes bâtimens le nom d'un ministre de l'impératrice.

Conformément aux intentions de M. le maréchal de Castries, j'eus toute liberté pour la formation de l'équipage des deux vaisseaux que j'armais à Marseille. L'amirauté les y soumit au droit d'ancrage, par rapport à leur pavillon étranger.

Ils partirent pour Cherson au mois de janvier 1784, chargés de marchandises de diverses espèces, à l'adresse de l'établissement que j'avais formé dans ce port de la Mer-Noire.

Ils furent les premiers expédiés de la Méditerranée en droiture pour cette mer, et les premiers qui profitèrent des avantages du traité de commerce conclu à Constantinople entre la Porte et la Russie, le 10 juin 1783 (vieux style), et ratifié le 21 septembre suivant.

CHAPITRE XVI.

Traité de commerce entre la Porte et la Russie.

Le traité entre la Porte et la Russie, composé de quatre-vingt-un articles, rendit communs au commerce et à la navigation des Russes dans les États du grand-seigneur, les priviléges, libertés, immunités et concessions dont y jouissaient les Français et les Anglais, en vertu de leurs capitulations avec la Porte. 1784.

L'impératrice obtint de l'empire ottoman plusieurs autres concessions et conditions importantes. Elles avaient pour motif le prolongement des frontières des deux empires, les communications directes et journalières de leurs sujets, les intérêts multipliés d'un commerce naissant, l'extinction d'anciens sujets de mécontentement et de dissension, qui avaient plusieurs fois armé les deux puissances l'une contre l'autre ; la liberté de naviguer dans la Mer-Noire ; le passage de cette mer à la Méditerranée ; la défense de l'exportation des grains de Constantinople ; enfin, l'idée supposée avec fondement aux puissances barbaresques, de chercher à inquiéter les bâtimens russes.

Le traité statua sur tous ces chefs, et ce fut encore par l'entremise officieuse de M. le comte de Saint-Priest. Il me paraît utile, en raison de la nouveauté et de l'importance de ces dispositions, de les retracer ici sommairement.

La Porte permet aux Russes, par ce traité, de commercer et de naviguer librement dans tous ses États sans exception, même sur le Danube et autres fleuves.

Elle consent à ce que les négocians de cette nation puissent vendre leurs denrées à ceux de ses sujets qui se présenteront pour les acheter, sans que ni les uns ni les autres puissent en être empêchés par des compagnies, sociétés ou corporations quelconques, sous prétexte d'avoir un privilége ou une prérogative pour les acheter exclusivement à tous autres.

Il fut convenu que les Russes ne paieraient qu'un seul droit de douane de 3 pour 100, à l'importation comme à l'exportation, conformément au tarif arrêté d'un commun accord le 5 septembre 1782, et qu'au moyen d'un passe-avant, nommé en turc *teskeret*, portant que ce droit a été perçu ; les marchandises appartenantes aux Russes, mentionnées dans ce passe-avant, n'en paieraient au- cun autre à leur transit et circulation par terre et par mer, dans l'empire ottoman, y compris Alep et le Caire, et encore la Moldavie et la Valachie, où jusqu'alors on avait exigé divers droits de transit.

Celui de la douane n'est exigible que là où les marchandises sont déchargées pour y être vendues : celles qui doivent être réexpédiées ne paient rien.

Le commerce russe fut en outre affranchi, par ce traité, des droits de mezeterie et des nouveaux impôts, appelés *rassabié, reft, bady, jaffacouly.*

On déclara que la forme des vaisseaux marchands russes qui passeraient par le canal de Constantinople, pour aller ou revenir de la Mer-Noire à la Méditerranée, serait exactement celle des vaisseaux marchands français, anglais et autres nations, depuis la moindre proportion jusqu'à la plus grande ; que leur portée serait, depuis le plus petit poids jusqu'au plus grand, celui de mille jusqu'à seize mille quilots de blé, ou huit mille quintaux turcs, faisant vingt-six mille quatre cents pouds, poids de Russie, lesquels correspondent à quatre cent vingt-deux tonneaux environ.

Ce traité porte que les vaisseaux ne seront, à leur passage, ni détenus, ni visités, ni soumis à aucun droit, si ce n'est à celui de bon voyage, nommé en turc *salamet resmi*, fixé, pour chaque bâtiment, à 300 aspres, équivalens à 4 francs.

Mais pour obtenir de la Porte le firman qu'ils doivent produire à leur sortie du canal pour la Méditerranée ou pour la Mer-Noire, il faut qu'il lui soit remis un état de leurs cargaisons, visé par le ministre de Russie; elle peut aussi faire examiner si quelques-uns de ses sujets font partie de leur équipage.

Quant à leurs cargaisons, bien qu'elles soient composées de vivres, pourvu qu'ils ne soient pas du crû des États ottomans, elle en permet le libre transit d'une mer à l'autre, par conséquent l'exportation des blés, jusqu'alors très-rigoureusement prohibée, jouit de toute facilité.

Il est permis aux Russes d'acheter à Smyrne, à Alexandrie et dans les autres ports turcs, excepté à Constantinople, de la soie, du riz, du café de Moka et de l'huile pour les transporter en Russie.

Si l'une des parties contractantes entrait en guerre, les sujets de l'autre peuvent fréquenter les ports de l'ennemi, pourvu qu'ils n'y

importent point des munitions de guerre,
telles que canons, mortiers, armes à feu, pistolets, bombes, grenades, boulets, bailes,
fusils, pierres à feu, mèches, poudre, salpêtre, soufre, cuirasses, piques, épées,
ceinturons, poches à cartouche, selles et
brides, exceptant toutefois la quantité nécessaire pour la défense du vaisseau et de son
équipage. Les effets non spécifiés ci-dessus
ne sont point réputés munitions de guerre et
navales.

Enfin la Porte s'oblige par ce traité à protéger la navigation des vaisseaux russes contre
les entreprises des corsaires barbaresques, à
user de son pouvoir sur les régences de Tripoli, de Tunis et d'Alger, pour faire rendre
la liberté aux équipages, et faire restituer les
navires et les cargaisons dont leurs corsaires
se seraient emparés.

Dans le cas malheureux où la paix serait
troublée entre les deux puissances, il est accordé à leurs sujets établis et commerçant
dans les États respectifs un terme de six mois,
à compter du jour de la rupture, pour réaliser leurs effets, marchandises et propriétés,
et retourner chez eux avec leur produit.

CHAPITRE XVII.

Traité de commerce entre la Porte et la cour de Vienne.

1784. A peine le traité de commerce entre la Porte et la Russie était-il ratifié, que l'internonce de la cour de Vienne, se fondant sur l'article 3 du traité de Belgrade, présenta un mémoire à la Porte pour demander les mêmes concessions et faveurs nouvellement accordées aux Russes; par conséquent la liberté aux navires autrichiens de naviguer dans la Mer-Noire, de passer et repasser de cette mer à la Méditerranée sans être obligés de débarquer, sans payer aucun droit, à l'instar des bâtimens russes.

La Porte reconnut juste et fondée cette demande de la cour de Vienne, et elle conclut aussi avec cette puissance un traité de commerce. Il fut signé à Constantinople le 24 février 1784. Les conditions en sont les mêmes que celles stipulées avec la Russie.

Il y est dit que, comme les bâtimens marchands qui naviguent sur les fleuves ne sont

pas propres à tenir la mer, il leur sera permis de transborder leurs cargaisons sur d'autres vaisseaux sans être obligés de payer aucun droit.

La garantie des faits des corsaires barbaresques et l'obligation de faire restituer avec
indemnité les navires, cargaisons et équipages six mois après la réclamation qui en
serait faite, avait formé, trois mois avant le
traité, l'objet d'une convention particulière
entre la Porte et la cour de Vienne.

La prétention de l'empereur pour cette
responsabilité fut sur le point de causer une
rupture. L'internonce avait demandé qu'en
cas de refus ou défaut de soin pour l'exécution de la garantie, sa majesté impériale pût
sans agression s'emparer, par forme de re-
présailles, d'une partie des domaines turcs,
proportionnée à la perte soufferte par ses
sujets, aux frais de recouvrement, etc.

La Porte, blessée de la forme sous laquelle
cette demande lui était présentée, fit mar-
cher des troupes vers la Hongrie ; mais les
bons offices de M. le comte de Saint-Priest
appaisèrent cet orage naissant, et la convention fut signée sans cette clause.

Depuis cette époque la cour de Vienne a
des agens accrédités près les régences d'Al-

1784.
ger, de Tunis et de Tripoli, pour y protéger le commerce et la navigation de ses
sujets.

Si les deux cours impériales n'avaient pas
obtenu par leurs traités de commerce avec la
Porte, tous les avantages et facilités dont
elle y promet de faire jouir le commerce de
leurs sujets respectifs, elles n'auraient eu
qu'une concession stérile dans la liberté de
faire passer et repasser leurs navires de la
Méditerranée dans la Mer-Noire.

CHAPITRE

CHAPITRE XVIII.

Différends entre la Russie et la Porte pacifiés. Peste à Cherson.

J'ÉTAIS trop empressé de profiter le premier des conditions favorables dont le traité de commerce assurait la jouissance au pavillon russe, pour être arrêté dans l'expédition de mes navires et différer leur départ, d'abord par l'avis que la peste s'était introduite à Cherson dans le mois d'octobre, et ensuite par la crainte que les différends survenus entre la Porte et les deux cours de Vienne et de Pétersbourg n'occasionnassent une rupture ; elle fut prévenue par les bons offices de la France.

Les papiers publics de ce tems-là disaient « que M. le comte de Saint-Priest, déployant » à Constantinople les plus grands talens, » s'était concilié à la fois l'estime et la con- » fiance des deux cours impériales et de la » Porte ; que par son entremise les choses » n'étaient pas venues à une rupture ouverte ;

1784.

H

« ce qui laissait encore espérer des termes
» d'accommodement. »

Cet arrangement eut lieu en effet le 10 janvier 1784, et sans entamer le territoire des
Turcs.

Si la peste s'introduisit à Cherson, on ne
saurait l'attribuer à imprévoyance de la part
du gouvernement ; il avait prescrit la pra-
tique des mesures usitées pour empêcher que
les équipages des bâtimens et les marchandises venant de la Turquie n'eussent aucune
espèce de communication avec les habitans
avant le terme d'usage.

Indépendamment des sages réglemens établis, les administrateurs de la quarantaine
avaient sous les yeux l'exemplaire de ceux du
lazaret de Marseille, que mon frère avait présenté à M. le prince Potemkin.

Quoique, pour diminuer les progrès de la
contagion, il y eut ordre de brûler les meubles et les marchandises existans dans les maisons de ceux qui en mouraient, ce terrible
fléau fit malheureusement périr beaucoup de
monde.

Les directeurs de mon établissement eurent
le bonheur de s'en préserver, et par leurs
soins les équipages de mes bâtimens furent
également garantis de ce mal en prenant les

mêmes précautions employées par les Euro-
péens en Turquie.

Ainsi s'évanouirent les dangers dont la
crainte aurait pu me faire suspendre l'expédition de mes navires.

CHAPITRE XIX.

Instructions données aux capitaines des bâtimens expédiés dans la Mer-Noire, et aux directeurs de l'établissement de commerce fondé à Cherson.

1784. —— J'AVAIS donné des instructions aux capitaines qui commandaient mes bâtimens ; je traçais à ces navigateurs la conduite à observer en cas de rencontre et de détention par les corsaires barbaresques ; je leur indiquais les formalités à remplir pour être expédiés plus promptement à Constantinople par la Porte, et par le ministre de Russie en allant et en revenant ; je leur prescrivais de ne s'adresser dans leurs relâches, qu'aux seuls consuls de l'impératrice ; de se conformer à ses lois sur la navigation, et de faire journellement prier pour cette souveraine à bord de leurs bâtimens.

Je leur recommandais de ne débarquer et de ne vendre aucune marchandise à leur passage à Constantinople, parce que le com-

merce de la France avec la Turquie était exclusivement réservé au pavillon français.

Je leur défendais aussi d'en embarquer à
leur retour à cette capitale, leur permettant
toutefois de prendre des passagers.

Je donnai enfin à ces capitaines la carte
réduite de la Mer-Noire, dressée par Bellin
en 1772, par ordre de M. de Boynes, ministre
de la marine, pour le service des vaisseaux
du roi.

J'y joignis un recueil d'observations nautiques (1) sur les routes à faire, les passages
à sonder; sur les différens fonds et courans
de la Mer-Noire, sur les vents qui y règnent,
sur ses ports de relâche, sur le gisement de
ses côtes, sur ses aterrages, sur ses bancs
de sable, sur ses écueils, sur sa navigation
dans chaque saison; enfin sur celle du Niéper, entre Oczakow et Kilbouroun, jusqu'à
Cherson.

Je communiquai ces deux écrits instructifs
à M. le maréchal de Castries et à M. le comte
de Vergennes. Ces deux ministres eurent la
bonté de me témoigner qu'ils leur paraissaient
conformes à l'esprit de sagesse et de prudence
dans lequel ils m'avaient recommandé d'agir.

----

(1) Elles forment suite à cet Essai.

 C'est dans ces mêmes principes que j'avais tâché de rédiger les renseignemens et mémoires remis pour leur instruction et pour leur conduite aux directeurs associés de l'établissement formé par moi à Cherson.

Ces différens écrits contenaient les notions que j'avais recueillies sur le commerce, en allant et revenant de Cherson à Pétersbourg, et celles que j'avais acquises pendant mes séjours à Moscou, à Pétersbourg et dans la Pologne. Le précis en est indiqué dans les chapitres VI, VII, VIII, X et XII de cet Essai.

Indépendamment de ces observations générales pour l'exploitation de leur commerce, je traçais à ces chefs de mon établissement le plan de conduite à suivre pour être vus de bon œil par les gens du pays, pour être favorisés et protégés par les personnes en place, pour obtenir des uns et des autres une juste considération, et leur faire desirer qu'il se formât à Cherson plusieurs maisons de commerce de notre nation.

A cette époque on en comptait à peine deux ou trois dans les divers ports de la Russie, et les négocians français n'y étaient en quelque sorte connus que de nom, tant les relations directes de ces places avec les nôtres étaient bornées.

CHAPITRE XX.

Ukase de l'impératrice, pour exciter les étrangers à naviguer et à commercer dans la Mer-Noire. Autre ukase sur les droits à payer à la douane.

Pour attirer dans ses nouveaux États un grand nombre de commerçans de toutes nations, l'impératrice déclara par un ukase du 22 février 1784, que le port de Cherson et ceux de Sévastopol et de Théodosie en Crimée, nommés ci-devant, le premier, Aktiar, et l'autre Caffa, étaient ouverts aux pavillons de tous les souverains amis de la Russie; que leurs sujets pouvaient s'y établir, faire librement le commerce d'importation et d'exportation en se conformant aux réglemens de la douane; qu'ils y jouiraient des mêmes avantages civils et religieux accordés aux étrangers qui habitaient Pétersbourg et Archangel; que ceux qui desireraient prendre des lettres de naturalité participeraient à tous les priviléges des nationaux; qu'ils auraient la faculté de re-

—— tourner dans leur pays quand bon leur sem-
1784. blerait, en payant toutefois pour trois années encore les droits de bourgeoisie, qui auraient été à leur charge.

Les invitations générales de l'impératrice
ne furent suivies d'aucun effet conforme à ses
vues, parce que les Turcs, maîtres du passage de la Méditerranée à la Mer-noire, laissant jouir à regret de cette communication
les bâtimens russes et autrichiens, et nour-
rissant l'espoir de les en priver tôt ou tard,
la refusaient constamment à ceux des autres
puissances maritimes.

Un autre ukase publié à la même époque
remplit mieux son objet. Par cette ordonnance
les droits de douane sur les vins de l'Archipel,
de Chypre, de l'Italie et de la Valachie furent
considérablement diminués ; ce qui en attira
une plus grande quantité, et donna lieu à des
échanges beaucoup plus importans que par
le passé, en productions de Russie. Par une
autre disposition de cet ukase, toutes les denrées de la Pologne, dont l'importation était
permise dans les ports russes sur la Mer-Noire,
obtinrent la liberté d'en être exportées.

Le tarif des douanes avait été renouvelé
le 27 septembre 1782, deux mois après mon
départ de Pétersbourg. L'impératrice y favo-

risait singuliérement le commerce de la Mer-
Noire , d'abord en accordant sur la plupart
des marchandises d'importation et d'exportation la réduction du quart des droits qu'elles
payaient suivant ce tarif dans les autres parties
de l'empire, ensuite en ordonnant que le paiement de ces droits ne pût être exigé qu'en
monnaie courante , tandis que dans les autres
douanes impériales les négocians étrangers
ne pouvaient se libérer en cette monnaie que
de la moitié du droit, et étaient obligés d'acquitter l'autre en risdales , à l'évaluation très-
désavantageuse pour eux de 1 rouble et 25
copecks par risdale.

Malgré ces facilités , les droits pesaient
beaucoup trop sur plusieurs de nos productions, particuliérement sur nos vins ordinaires,
qui payaient deux tiers de plus environ que les
vins de cette classe, importés des autres pays.
Cette grande disparité dans les droits des uns
aux autres influait considérablement sur leur
consommation respective.

1784.

CHAPITRE XXI.

Activité dans les opérations de commerce, tant pour l'importation que pour l'exportation. Établissement des postes aux lettres. Projets de l'empereur Joseph II. Attention de diverses cours, fixée sur le commerce de la Mer-Noire.

—— 1784. C'est d'après le tarif indiqué dans le chapitre précédent, que fut acquittée la douane des cargaisons, d'entrée et de sortie, des deux navires que j'avais expédiés de Marseille. La satisfaction que me fit éprouver leur heureuse arrivée à Cherson, et celle de plusieurs autres à Constantinople, me dédommagea des soucis et des peines auxquels j'étais livré depuis si long-tems.

J'avais eu à vaincre jusqu'à la répugnance et au dégoût des chefs de mon établissement pour Cherson et pour les Russes. Les circonstances dans lesquelles ils avaient débuté, étaient tellement difficiles et décourageantes, qu'ils avaient balancé s'ils ne quitteraient pas le pays sans liquider nos affaires.

J'eus le bonheur de leur faire partager ma persévérance. On me marquait du département des affaires étrangères, pour soutenir et exciter de plus en plus mon émulation, que j'étais en mesure de faire la plus grande entreprise du siècle en fait de commerce.

Mille actions de graces soient rendues aux ministres, aux bons Français qui m'ont constamment aidé de leur pouvoir, de leur crédit et de leurs lumières ! Qu'aurais-je fait sans eux, sans le véhicule puissant de correspondre à leurs bontés, sans le desir ardent de me rendre utile ?

Le mouvement que prenait mon commerce exigeait plus de célérité dans la navigation de mes bâtimens. Pour la rendre plus active, je me déterminai à acheter et expédier un gros allège ne tirant que six pieds d'eau, propre, par sa construction, au transport, entre Gloubok et Cherson, des cargaisons de mes navires, dont il faciliterait et accélérerait le débarquement et l'embarquement.

J'étais très-empressé d'en voir arriver un chargé de marchandises de Russie; j'eus ce plaisir au mois de juin : la cargaison consistait en chanvre, blé, suif, et en des essais de

—— potasse, cire , miel, soie de porc, thé, graine
1784. de lin et de chanvre.

Dans le cours de cette même année 1784,
je reçus de Cherson trois autres vaisseaux. Ils
portaient du suif , du chanvre, du blé, du
seigle, et des essais en millet, anis , pois, tabac, peaux de bœufs, de vaches et de veaux.

La correspondance des villes de la Mer-
Noire avec la Turquie, la Pologne et l'Allemagne avait exigé de nouveaux bureaux de
poste sur les frontières méridionales de la
Russie et de la Pologne. J'ai déjà dit qu'il en
avait été établi sur les deux rives du Bog ; l'un
à Olviepol, par l'impératrice ; l'autre à Bohopol , par le roi de Pologne.

Quelque tems après , l'empereur facilita de
son côté cette correspondance générale par
l'établissement d'un courier qui partait trois
fois par mois, de Czernowice dans la Buko-
wine, pour Jassy.

Afin d'encourager ses sujets à se livrer à
ce nouveau commerce, Joseph II avait auparavant réduit à cinq douzièmes pour cent les
droits de sortie des marchandises fabriquées
dans ses États héréditaires, destinées pour la
Russie et la Turquie.

On lui supposait divers projets pour la Mer-
Noire :

Celui d'abord d'y faire passer, du golphe Adriatique, par la Save et le Danube, des productions de tout genre ;

Ensuite d'exporter à l'étranger, par le Danube, toutes celles de ses États, notamment les blés de Hongrie, et d'importer en remontant ce fleuve, les denrées de la Russie et de la Turquie, prises en échange.

On disait enfin que ce prince se promettait de voir exploiter sous son pavillon le commerce d'entrée et de sortie de la Moldavie et de la Valachie.

La paix dont on jouissait à cette époque permettait aux puissances de l'Europe de fixer leur attention sur l'essor dont était susceptible le commerce de la Mer-Noire, sur l'influence et les résultats présumables pour chacune d'elles.

L'Angleterre, la Hollande, la Suède, le Danemarck, la Prusse, toutes les villes maritimes de la Baltique, voyaient avec quelque inquiétude, même avec ombrage et par des motifs différens, les avantages que retireraient de ce commerce et de cette navigation la Russie, la Pologne, l'Autriche, l'Espagne, tous les peuples d'Italie, et particuliérement la France.

—— Aussi notre gouvernement suivait - il le fil
1784. de mes opérations. Il était de mon devoir
autant que de mon intérêt de le tenir régu-
liérement informé des progrès de mon établissement.

CHAPITRE XXII.

Dispositions pour procurer à l'arsenal de Toulon des munitions navales.

Je rendais surtout un compte très-exact au ministre de la marine, de mes recherches pour procurer à l'arsenal de Toulon les mâts et le chanvre qu'il m'avait chargé d'y faire passer.

Je lui observai dans un mémoire sur les mâtures, que les moyens les plus avantageux pour remplir sa commisssion était de les acquérir de quelque propriétaire des forêts de l'Ukraine ou de la Lithuanie, avec la condition qu'il les laisserait choisir et marquer sur pied avant de les abattre, qu'il les ferait transporter à Cherson à ses frais et risques, qu'il n'en exigerait le paiement qu'après leur livraison définitive à ce port ou à Gloubok.

Je disais au ministre, qu'à l'invitation du roi de Pologne, M. le prince Stanislas Poniatowski son neveu se montrait disposé à passer avec moi, par l'intermédiaire de M. de Bonneau, un contrat dressé d'après les bases

—— ci-dessus, pour les deux chargemens de mâ-
1784. tures il m'avait donné la commission.

Je le priais en conséquence de mettre à ma
disposition un maître mâteur, pour aller sur
les lieux choisir et *recetter* les mâts, de me
faire ouvrir un crédit sur Amsterdam pour les
payer à Varsovie, et de me céder ensuite un
bâtiment propre à leur transport de Cherson
à Toulon.

M. le maréchal de Castries daigna adopter
tous ces arrangemens.

Il approuva aussi que l'essai en chanvre
qu'il m'avait demandé, fût acheté à Staradoub ou à Briansk pendant l'hiver, en obli-
geant les vendeurs à le faire passer au printems sur des barques à Cherson, où en seraient faits la braque, la recette et le paiement.

Le maître mâteur dont fit choix l'administration de Toulon, par l'ordre du ministre,
partit dans le mois de juillet.

L'instruction que je lui remis, et qui fut
honorée du suffrage de M. le maréchal de
Castries, lui prescrivait de s'informer et de
me rendre compte des ressources dont pouvaient être pour nous les forêts de pins, de
chênes et d'ormes qu'il visiterait à cet effet en
se rendant à celles du prince Stanislas Poniatowski,

towski, situées à Bobruisk dans la Lithuanie, ——
où il devait faire choix des mâts pour l'achat 1784,
desquels je traitais avec ce prince.

Peu de tems après mes propositions pour
ces bois furent accueillies, et le prince signa
le contrat que j'avais adressé à M. de Bonneau après l'avoir soumis au ministre, qui
en trouva toutes les stipulations favorables
à la marine.

Je fus instruit que le roi de Pologne avait
témoigné sa satisfaction au prince, sur son
empressement à concourir au succès de nos
vues.

I

CHAPITRE XXIII.

Réduction en Pologne sur les droits de douane. Ukase de l'impératrice en faveur du commerce de ce royaume par Cherson.

1784. SA majesté polonaise s'étant rappelée les représentations qui lui avaient été adressées pendant mon séjour à Varsovie, sur les droits excessifs auxquels était soumis le commerce de la Pologne par Cherson, en proposa la réduction à la diète de Grodno, de 1784, dans les termes suivans :

« Le même motif de reconnaissance en-
» vers l'impératrice, joint à l'intérêt de nos
» propres concitoyens, porte le roi à repré-
» senter aux États, combien il serait conve-
» nable de baisser dans nos provinces les plus
» méridionales, le taux des perceptions aux
» douanes qui y subsistent, telles qu'elles ont
» été établies sous le règne du roi Jean So-
» biesky. En baissant ce taux, nous oblige-
» rons notre grande voisine et amie, et nous

» encouragerons et étendrons utilement notre
» propre commerce. »

Conformément à cette proposition du roi,
la diète, dans sa séance du 5 novembre 1784,
statua qu'aux frontières des provinces méridionales, il ne serait perçu que 1 pour 100
de droits sur l'exportation , et 4 pour 100
sur l'importation.

Le 29 du même mois (n. st.), l'impératrice rendit un ukase non moins favorable au
commerce des Polonais par Cherson. Elle y
faisait participer leurs productions au rabais
de 25 pour 100 accordé sur la douane de
celles de Russie, par le tarif du 27 septembre
1782 , et à la faveur de payer ces droits en
monnaie courante. Elle affranchit de tout
droit l'introduction dans l'empire des denrées
de Pologne par le gouvernement de Catharinoslaw.

Par une autre disposition relative au transit par Cherson, des marchandises étrangères
destinées pour la Pologne, la caisse impériale
devait restituer, une année après leur réex-
pédition de ce port, les 7 huitièmes des droits
perçus à leur entrée , et ne retenir que le
huitième pour celui de transit.

Je dus aux bontés de M. le comte de Stackelberg la prompte connaissance de cet ukase.

—— Cet ambassadeur me fit la grace de m'en
1784. adresser la traduction, et de me dire à ce sujet des choses très-obligeantes.

A la même époque l'impératrice se décida,
par des motifs particuliers d'administration
et de finance, à défendre dans les ports de la
Mer-Noire l'introduction des eaux-de-vie,
permise par le tarif général de 1782. Son ukase
est du 16 décembre 1784.

CHAPITRE XXIV.

Départ de M. le comte de Saint-Priest de Constantinople. Tentatives de cet ambassadeur pour procurer l'entrée de la Mer-Noire au pavillon français. Durée approximative des traversées de Marseille à Cherson, et observations à ce sujet.

M. le comte de Saint-Priest ayant obtenu son rappel, partit dans ce tems-là de Constantinople pour se rendre en France. 1784.

Il est impossible de citer le nom de cet ambassadeur sans rappeler aussi les époques les plus heureuses de notre commerce du Levant. Ses progrès rapides dans tous les genres datent de 1768 à 1784, durée de la résidence de M. le comte de Saint-Priest auprès dé la Porte ; et ils sont d'autant plus remarquables, que, dans ce long espace de seize ans, on en compte à peine quatre de paix générale. La guerre ne s'éteignit en 1774, entre les Turcs et les Russes, que pour se

—— rallumer en 1778 entre la France et l'Angleterre. C'est du fond même de ces circonstances fâcheuses pour les négocians, que ce ministre sut faire ressortir l'extension de nos
importations et de nos exportations.

Il était réservé à sa vigilance sur les intérêts de ce commerce, de nous faire participer
aux bénéfices que la libre entrée dans le Pont-
Euxin, arrachée au ministère ottoman par les
armes de la Russie, devait assurer à cette
puissance, privativement et à l'exclusion des
autres. Dans cette vue, M. le comte de Saint-
Priest sollicita et obtint de me faire passer
officiellement à Cherson et à Pétersbourg.

Les combinaisons de ces premières vues ont
été successivement justifiées par les événemens.

Il eût été plus avantageux, sans doute,
d'obtenir tout de suite l'entrée de la Mer-
Noire au pavillon français ; mais les motifs
puissans dont M. le comte de Saint-Priest
étaya ses différens offices à la Porte pour l'y
déterminer, ne pouvaient détruire en elle
l'espoir de chasser un jour les Russes de cette
mer, ni sa crainte de voir le peuple mécon-
tent au point de se révolter si elle permettait à quelque puissance maritime de naviguer
dans cette mer sans y avoir été forcée.

Ce moyen-ci était le seul pour parvenir à 1784.
cette concession ; mais les intérêts de notre
commerce dans les États du grand-seigneur
militèrent en France contre cette mesure de
vigueur, à laquelle on reconnaîtra le caractère et les principes de M. le comte de Saint-
Priest.

Son portrait est tracé d'après nature dans
la *Gazette de Leyde*, n°. 102, du 21 décembre 1784 (1).

Pendant la dernière année de la résidence
de M. le comte de Saint-Priest à Constanti-

____

(1) « M. le comte de Saint-Priest, ambassadeur de
» France, a pris son audience de congé du grand-visir :
» il y a été conduit en pompeux cortége par toute sa
» nation. Le député de celle-ci lui fit un compliment
» sur l'extrême chagrin que son départ causait à tous
» les Français. Jamais peut - être pareille cérémonie
» n'offrit un spectacle plus attendrissant : toute l'assem-
» blée fondait en larmes, et comblait l'ambassadeur de
» bénédictions. Son excellence n'attend plus que le vent
» favorable pour repasser en France, à bord du vaisseau
» *le Séduisant*. La grandeur de son génie, qui embrasse
» tout sans confusion, sa fécondité en expédiens heu-
» reux, l'étendue de sa mémoire, son inflexible droi-
» ture, jointe à la sensibilité la plus tendre pour les
» malheureux qu'il soulageait de tout son pouvoir, lui
» ont captivé la confiance des Ottomans, l'attachement
» des Français et le respect des étrangers. »

 —— nople , quatre de mes navires , expédiés do Marseille pour Cherson , étaient retournés dans ce port. A son passage à Marseille , cet ambassadeur me témoigna sa satisfaction sur les résultats que présentait le voyage du quatrième en quatre mois de tems.

Ce bâtiment , parti de Marseille le 22 septembre 1784, était arrivé à Constantinople dans trente jours : après en avoir demeuré dix dans le port de cette capitale, il fit voile pour Cherson le 3 novembre , et y fut rendu en dix-huit jours. Le débarquement et embarquement des cargaisons, effectués pendant la quarantaine , ne le retinrent que treize jours dans ce port; il en partit le 4 décembre , passa en quatre jours à Constantinople, s'y arrêta pendant huit , soit pour les formalités d'expédition, soit à cause des vents contraires , et arriva heureusement à Marseille au bout de quarante jours.

Ces détails mettent à portée de juger, par approximation, de la durée des traversées d'un port à l'autre; celle de Constantinople à Cherson fut un peu longue, mais celle de retour a été courte. Il fallut user de beaucoup de diligence pour débarquer et embarquer les marchandises en treize jours, quoique celles pour le retour fussent prêtes , et que le navire fût

d'une petite portée. Quant à ses séjours à
Constantinople, ils auraient pu être abrégés si
les expéditions russes et turques, demandées
suivant l'usage avant son arrivée, s'étaient
trouvées prêtes, et que le tems lui eût permis
de mettre plus tôt à la voile.

Quoique la navigation de ce bâtiment, en
novembre et décembre, prouve que la Mer-
Noire peut être fréquentée dans ces mois-là,
il ne faut pas moins en considérer les risques,
beaucoup plus grands qu'en toute autre saison.

Pour que dans la plus rigoureuse les bâtimens puissent tenir la mer, il faut que le
tems ne soit pas excessivement âpre, ce qui
est assez rare, et qu'ils soient conduits par
des marins à qui plusieurs voyages aient pro-
ouré une connaissance exacte de cette navigation.

Dans le cours de cette année, il se forma
divers établissemens étrangers à Cherson : les
uns s'y occupaient du commerce de la Pologne, d'autres de celui du Danube ; plusieurs entretenaient des relations commerciales
en Turquie : ce mouvement attira un plus
grand nombre de marchands russes dans cette
nouvelle ville.

CHAPITRE XXV.

Expédition à Cherson, par le Niéper, de plusieurs radeaux de mâtures de la Lithuanie. Dépêche et mémoire adressés au ministre de la marine sur ce flottage. Départ de Toulon, et retour à ce port du vaisseau qui chargea ces mâts à Cherson.

1785. —— LE maître mâteur que j'avais envoyé pour faire la recette des mâtures acquises de M. le prince Stanislas Poniatowski pour notre marine, après un court séjour à Cherson, se mit en route pour Bobruisk, visita, chemin faisant, diverses forêts de pins, de chênes et d'ormes, et arriva vers la fin du mois de janvier dans celles du prince Stanislas. Elles étaient au nombre de dix à douze, à quelque distance les unes des autres, et tout près de la Beressina, rivière qui traverse la Starostie de Bobruisk, située dans le palatinat de Minsk.

Dans l'espace de deux mois et demi, mal-

gré les neiges et un froid excessif , ce maître
mâteur fit abattre et transporter sur des traîneaux dans neuf dépôts ou villages éloignés
les uns des autres , et disposa à entrer en rivière les deux cent soixante-quatre mâts ou
mâtereaux qu'il avait choisis.

Le compte que je rendis à M. le maréchal
de Castries, de leur flottage jusqu'à Cherson,
en fait connaître les circonstances les plus in-
téressantes. Ma dépêche à ce ministre de la
marine était conçue en ces termes :

« J'ai l'honneur de vous adresser, sous le
» titre de *Mémoire sur le flottage des mâ-*
» *tures*, un précis des opérations du maître
» mâteur , relatives au transport en radeaux
» à Cherson , sur la Beressina et le Niéper,
» des deux cent soixante-quatre mâts ou mâ-
» tereaux que j'ai achetés pour le compte du
» roi, de M. le prince Stanislas Poniatowski,
» et qu'est allé prendre à ce port de la Mer-
» Noire la flûte *la Syrène.*

» Les notions que donne le maître mâteur
» prouvent évidemment qu'on pourra tou-
» jours exporter en été, par Cherson, les
» mâts abattus en hiver dans les mêmes fo-
» rêts d'où Riga tire ceux qu'il vend à l'étran-
» ger, et qui ne parviennent à ce port de

1785.

» la Baltique que dix-huit mois ou deux ans
» après la coupe des arbres.

» Vous savez, Monseigneur, que la lon-
» gueur de ce charroi provient de ce que les
» mâts rassemblés au printems sur les bords
» des rivières, les remontent à une assez
» grande distance ; qu'ils doivent y attendre
» l'hiver pour être transportés sur des traî-
» neaux jusqu'à la Dwina, où on les embar-
» que le printems suivant pour les rendre à
» Riga.

» Il résulte du succès de l'essai fait par Cher-
» son, que ce port de la Mer-Noire parta-
» gera désormais, avec celui de Riga, la four-
» niture des belles mâtures, connues sous la
» dénomination de *bois du Nord ou mâts de*
» *Riga*, et que nos arsenaux pourront se
» pourvoir de cette munition navale, à meil-
» leur marché, par cette voie nouvelle et
» courte, qui paraît sûre en tems de guerre. »

*MÉMOIRE sur le flottage des mâtures de
Bobruisk à Cherson, par la Beressina et
le Nieper, et sur la navigation de ces
rivières.*

« Le maître mâteur du département de

» Toulon, envoyé à Cherson et en Pologne,
» pour l'objet des mâtures que le sieur ***,
» négociant de Marseille, avait acquises à
» Varsovie, pour le compte du roi, de M. le
» prince Poniatowski, est arrivé le 25 jan-
» vier dans la Lithuanie.

» Les forêts de ce duché, appartenantes à
» ce prince, et dont le seul port de Riga ex-
» portait auparavant tous les mâts, sont si-
» tuées à Bobruisk, près de la rivière Beres-
» sina. Le maître mâteur y a choisi, marqué
» sur pied et fait abattre deux cent soixante-
» quatre mâts ou mâtereaux. Ils ont été cou-
» pés, et transportés sur des traîneaux, dans
» l'espace de deux mois et demi, vers les bords
» de la rivière avant son dégel.

» Elle est prise annuellement par les gla-
» ces, de même que le Niéper, depuis le
» mois de novembre jusqu'à la fin de mars.
» Il est important de profiter de la crue de
» ces fleuves, occasionnée au printems par
» la fonte des neiges, pour y faire flotter des
» bois. Pour peu qu'on différât, la Beressina
» ne serait plus navigable. Le Boristhène l'est
» presque depuis sa source, excepté dans la
» partie de ce fleuve dont le cours est tra-
» versé par des cataractes. Il n'y a suffisam-
» ment d'eau, pour les franchir, que pendant

» deux mois et demi environ après la déba-
» cle, qui a lieu ordinairement en avril.

» Celle de la Beressina étant survenue dans
» le commencement de ce mois, les gens du
» prince se sont aussitôt empressés à rassem-
» bler les mâts dispersés le long du rivage,
» et à en former des radeaux. Ils n'ont pu
» s'occuper de ce dernier travail que le 20
» avril, parce que, jusqu'à ce jour, le trans-
» port des mâtures à un même lieu, à Zdu-
» dysz, et les bancs de glace que charriaient
» les eaux de la rivière, les en avaient em-
» pêchés.

» Il fut terminé le 2 mai : le lendemain les
» radeaux, au nombre de cinq, montés cha-
» cun de six hommes, furent lancés et firent
» route.

» Le maître mâteur, embarqué sur l'un de
» ces radeaux, avait soin de les faire précéder
» par une nacelle qui reconnaissait et suivait
» le courant des eaux, et servait de guide
» aux flotteurs pour éviter la dérive et les
» échouemens auxquels expose le déborde-
» ment de la rivière.

» Cette précaution les a rendus moins fré-
» quens, et a conséquemment abrégé la na-
» vigation des radeaux. S'ils avaient été cons-
» truits avec plus d'art, il ne serait pas sur-

» venu autant d'échouemens, et ils auraient
» été plus promptement dégagés.

» On ne tarda pas à s'appercevoir de l'iné-
» galité de leur poids : deux de ces radeaux
» pesaient autant que les trois autres. Une
» autre faute plus grave commise dans leur
» construction retardait aussi leur marche.
» L'on en avait rendu la queue beaucoup plus
» légère que la tête : il en est résulté qu'ils
» plongeaient davantage et prenaient plus
» d'eau sur l'avant ; qu'ils penchaient tantôt
» à droite, tantôt à gauche, et s'écartaient
» du courant des eaux malgré les efforts des
» flotteurs pour les y retenir ; qu'enfin lors-
» qu'ils échouaient, la pesanteur de la tête
» les entraînait, les précipitait au bord de la
» rivière, et les y faisait engraver profondé-
» ment, tandis que, si le poids de la queue
» avait surpassé celui de la tête, il eût formé
» un levier qui aurait facilité les conducteurs
» pour les remettre à flot. On sent que ce
» travail pénible a dû faire perdre beaucoup
» de tems.

» Cependant, le 5 mai, les radeaux avaient
» passé devant Raczziza, village situé immé-
» diatement après le confluent de la Beressina
» et du Niéper. Mais il s'éleva, dans cette
» partie, des vents contraires si impétueux,

—— » qu'ils arrêtaient presque totalement la mar-
1785. » che de ce flottage ; il ne faisait pas deux
» lieues par jour. On s'apperçut, le 21 mai,
» que les eaux baissaient journellement de
» trois pouces. Cette observation fit redou-
» bler d'efforts aux flotteurs , et, le tems
» ayant calmé, ils atteignirent le, 27 mai
» Kanieuw.

» Cette ville, dont la position est à une
» distance égale de Kiow et de Kremenchuk,
» appartient à M. le prince Poniatowsky. Les
» radeaux s'y sont arrêtés, et les flotteurs qui
» les conduisaient ont été renvoyés. Ils de-
» vaient être remplacés aussitôt; mais l'agent
» du prince n'ayant point rempli l'ordre qui
» lui avait été donné de Bobruisk de s'en
» procurer de nouveaux, il a falu six jours
» pour en compléter le nombre.

» Ils partirent enfin le 3 juin de Ka-
» nieuw, et ils arrivèrent le 10 à Caminka,
» petite ville située à peu de distance des
» cataractes du Niéper.

» Ils y employèrent quatre jours à remé-
» dier aux inconvéniens résultans de la dif-
» férence du poids de la tête à la queue des
» radeaux, qu'ils consolidèrent et raffermi-
» rent par de nouveaux liens. Ils prirent enfin
» dans cette ville un renfort de flotteurs exercés

» au

» au passage des cataractes, qui fut jugé pra-
» ticable.

» Le lit et les deux rives du Niéper sont de
» roche dans cette partie ; elle comprend un
» espace de dix-neuf lieues, sur un quart de
» large environ. Plusieurs rochers s'apper-
» çoivent au niveau de l'eau ; d'autres s'élè-
» vent au dessus, depuis cinq jusqu'à neuf
» pieds. Ils sont semés dans le fleuve, tantôt
» unis et tantôt séparés. Dans les intervalles,
» le Niéper a tour-à-tour peu ou beaucoup
» de profondeur. Ces rochers ou bancs de
» roche forment en treize endroits, et sous
» treize noms différens, une barrière plus ou
» moins élevée, qui présente des écueils dan-
» gereux, et interrompt la navigation du
» fleuve lorsque les eaux sont basses. Il en
» résulte treize cascades inégales : on les
» nomme *Cataractes du Niéper.* Quelques-
» unes de ces chutes sont de huit, dix et
» quinze pieds. Celle qu'on nomme Nenasi-
» tenskoi est la plus forte, et le bruit s'en
» fait entendre au loin ; aussi le passage du
» fleuve y est-il plus difficile et plus dan-
» gereux. »

» Il ne l'est réellement qu'autant que les
» radeaux manquent d'eau pour franchir les
» cataractes. Le choc qu'ils éprouvent en

1785.

K

» touchant avec violence la surface des ro-
» chers, les y fait ordinairement briser (1).
» Ils ne sont exposés à aucun inconvénient
» lorsqu'ils sont conduits par des flotteurs
» expérimentés (2).

» En deux jours les radeaux, dirigés par le
» maître mâteur, ont traversé cette partie pé-
» rilleuse du Boristhène; et le 18 juin, après
» le renvoi des flotteurs surnuméraires pris à
» Caminka, ils ont continué leur navigation
» vers Cherson et Gloubok, où ils sont arri-
» vés le 29 du même mois.

» Le maître mâteur s'y est aussitôt occupé
» à vérifier l'état et les mesures de ces bois,
» à les arrondir, à les polir, et à donner
» la forme octogone au gros bout des mâts.

---

(1) Depuis l'époque où ce mémoire a été rédigé, on a déblayé les cataractes de Kaidatsk, de Sourskoi, de la Khanskoi et de Strelinskoi : on a creusé dans le roc, et construit deux écluses à la cataracte de Nenasitenskoi, la plus considérable de ces chutes d'eau. Ces travaux ont eu pour objet de faciliter la navigation du Niéper, afin de pouvoir le descendre sans danger.

Pour que les barques puissent aussi le remonter, on projette d'élever des écluses sur toutes les cataractes de ce fleuve.

(2) Le plan des cataractes du Niéper est gravé en marge de la carte jointe à cet ouvrage.

» Cet ouvrage ayant été terminé le 15 juil-
» let, on aurait pu embarquer ces mâtures
» à cette époque, c'est-à-dire, cinq mois et
» demi après le premier coup de hache porté
» dans la forêt.

   » Celle de Bobruisk est une des plus éloi-
» gnées de Cherson. Cette circonstance, les
» défauts observés dans la formation des ra-
» deaux, le tems employé à les relever et re-
» mettre à flot, leur retard d'une semaine à
» Kanieuw, la contrariété des vents, qui leur
» ont été constamment opposés depuis leur
» départ, sont cause qu'ils n'ont passé les ca-
» taractes qu'après une traversée de quarante-
» quatre jours, et qu'ils ne sont arrivés à Cher-
» son qu'en cinquante-sept. Le maître mâ-
» teur estime que ce trajet pouvait facilement
» se faire en quarante jours.

   » On doit en conclure que, puisqu'il y a eu
» suffisamment d'eau vers la mi-juin, aux ca-
» taractes, pour y faire passer ce flottage de
» mâtures malgré l'éloignement et les lon-
» gueurs éprouvées dans la navigation de ce
» premier transport, celles qu'on enverra dé-
» sormais à Cherson après la débâcle du Nié-
» per, et qui seront tirées des forêts plus voi-
» sines de ce port que celles de Bobruisk, par-
» viendront à ce passage avant que le décrois-

1785.

K 2

» sèment du fleuve le rende impraticable, et
» que conséquemment elles arriveront tou-
» jours dans la même saison à Gloubok, mouil-
» lage où abordent les navires qui doivent les
» charger.

» La navigation du Niéper est douce et
» facile : ses eaux coulent et serpentent dans
» des plaines, et ne sont nullement rapides.
» Les lieux où les radeaux sont le plus ex-
» posés à en perdre le fil, sont aisés à recon-
» naître par les différentes situations que pré-
» sente l'aspect des deux rives. Des flotteurs
» attentifs et intelligens auront soin, en y re-
» passant, de manœuvrer de manière à éviter
» d'être entraînés hors de la direction du
» courant. »

On conçoit aisément combien ces résultats
furent agréables aux ministres du roi, et avec
quel plaisir je vis dissiper ma crainte que les
radeaux ne fussent retenus aux cataractes du
Niéper. Dans l'idée qu'un plus grand nombre
de flotteurs pourrait leur en faciliter le passage, j'avais marqué aux directeurs de mon
établissement d'y envoyer partie des équipages de mes navires, et les capitaines le plus
en état de diriger cette navigation. J'étais
certain qu'ils auraient rivalisé de zèle avec les
flotteurs polonais et russes pour franchir ces
chutes d'eau.

Si elles n'avaient pu l'être sans un danger évident, mon instruction portait de tirer les mâts à terre, de les faire transporter, le long des cataractes, sur des charriots dont j'avais envoyé le modèle; de former au dessous de ces chutes d'eau de nouveaux radeaux de ces bois, pour les descendre ensuite à Cherson et à Gloubok.

Dans l'espoir cependant que, d'une manière ou d'autre, ils seraient rendus à ces deux ports durant le mois de juin, j'avais demandé et obtenu du ministre de la marine la cession de la flûte *la Syrène*, pour aller prendre ces mâts, ou bien d'autres denrées de Russie si quelque obstacle les avait empêchés d'arriver à Cherson.

Ce bâtiment ne put mettre à la voile qu'à la fin du mois de juillet. Sa relâche à Constantinople fut prolongée par le refus de la Porte de le laisser entrer dans la Mer-Noire, sous le prétexte mal fondé que sa portée surpassait celle fixée par le traité. Le ministre de Russie ayant applani ces difficultés, ce vaisseau arriva heureusement à Cherson dans les derniers jours de septembre.

Pendant les trois mois suivans il fit quarantaine, embarqua les mâtures et fut rendu

1785.

—— à Toulon. Le voyage de cette flûte ne dura par conséquent que cinq mois.

Aussitôt après le débarquement des mâts on procéda à leur examen, et il fut reconnu qu'ils étaient en effet de la même espèce que ceux importés de Riga. La visite des premières pièces eut lieu en présence de M. de Kinsbergen, amiral hollandais, des officiers de son escadre et de M. l'abbé Raynal.

Le prix auquel ces mâtures revenaient à la marine était évidemment très - inférieur à celui que des fournisseurs auraient exigé pour de pareils mâts.

Ainsi les espérances que j'avais osé concevoir sur cet objet intéressant, furent justifiées par l'événement.

CHAPITRE XXVI.

Passage de deux de mes frères à Cher-son, pour former un établissement en Pologne. Envoi d'un saleur, d'un tonnelier, d'un chandelier et d'un radelier.

J'AVAIS fait passer à Cherson, sur la flûte *la Syrène*, deux de mes frères, pour aller former un établissement dans l'Ukraine polonaise, et j'avais chargé sur ce vaisseau plusieurs genres de marchandises propres à la consommation de cette contrée. Elle fournissait en abondance du blé, du suif, de la cire et d'autres productions, et il me convenait de faire ce commerce par mes propres agens, afin d'établir des relations directes, par Cherson, entre la Pologne et la France.

1785.

Pour faciliter et accroître les opérations de ma maison dans ce port de la Mer - Noire, je jugeai à propos de prendre à son service et de lui envoyer un saleur pour préparer et saler à l'irlandaise la viande de bœuf; un ton

—— nelier pour tous les travaux de son état ; un
1785. chandelier pour la fonte des graisses et la fabrication du suif, très-mal soignée dans ce tems-là ; enfin, un radelier pour diriger le flottage des bois sur le Niéper. Je passai des contrats avec ces divers ouvriers, et leur donnai tous les ustensiles, outils et instrumens qui leur étaient nécessaires.

CHAPITRE XXVII.

Exportation de draps pour Cherson. Activité du commerce entre ce port et celui de Marseille. Découverte de plusieurs forêts de chênes, d'ormes et de pins.

J'AVAIS observé, pendant mon séjour en Russie, que les draps dont il se fait une consommation immense dans cet empire, lui étaient fournis en majeure partie par l'Allemagne, l'Angleterre et la Hollande. Pour faire participer les nôtres à ce débouché, je fis manufacturer, dans le Languedoc, par deux fabricans, trois cents pièces environ de drap à l'imitation de ces draps étrangers. Elles furent assorties au goût des consommateurs russes, et leurs qualités distinguées par des dénominations françaises. Arrivées à Cherson, une partie y fut vendue, l'autre passa en Pologne, mais la plus considérable fut envoyée à Moscou.

Mon correspondant dans cette capitale en vendit d'abord quelques ballots à des marchands revendeurs en détail. Peu de tems

1785.

après, ces acheteurs s'éta ntapperçus de l'empressement des consommateurs à se pourvoir de ces draps, ils en enlevèrent le restant.

On les trouvait beaucoup plus soyeux et plus souples que les autres. Les couleurs en parurent aussi plus solides et plus belles, et le drap d'un bon usage. Pendant long-tems ce négociant de Moscou m'a vivement sollicité de lui renouveler mes envois en ces qualités de drap. Il me faisait espérer de les réaliser à des prix plus élevés que ceux obtenus, et d'en consommer beaucoup.

Pour que je pusse mettre à profit ces dispositions il eût fallu, d'une part, que le gouvernement m'accordât des primes d'encouragement, et que de l'autre la guerre qui survint entre la Porte et la Russie n'eût pas interrompu le fil de mes opérations.

Vers la fin de cette année, l'impératrice nomma le prince Potemkin directeur suprême de la marine militaire et marchande de son empire sur la Mer-Noire. Elle rendit cette nouvelle dignité absolument indépendante de l'amirauté établie à Pétersbourg. Elle obligea toutefois le prince à rendre de tems en tems compte de sa gestion à monseigneur le grand-duc, comme grand-amiral de Russie ; elle ne le rendit directement responsable qu'à elle

seule , et pour cette raison l'ukase publié à
ce sujet dit qu'il porterait le titre d'amiral-
général de la Mer-Noire.

1785.

Je fis passer à Cherson, dans le cours de
cette année 1785, quatre navires chargés de
nos productions. Il en arriva douze de ce port
à Marseille, avec des denrées de Russie et de
Pologne , dont sept à mon adresse , et cinq
à celle de divers négocians de cette place.

Cette activité me valut des lettres très-gra-
cieuses de M. le maréchal de Castries et de
M. le comte de Vergennes. Ils virent avec intérêt , par les attestations de mes acheteurs
en chanvre , suif et bœuf salé (1) , que l'on
était content , à Marseille , de la qualité de
ces munitions navales , et qu'on les y recher-
chait.

J'adressai à M. le maréchal de Castries une
carte de l'Europe , où étaient tracées les routes
que suivaient de tout tems les mâtures, depuis les forêts de la Lithuanie par Riga et la

----

(1) J'avais vendu de ce bœuf salé pour la provision
d'un navire expédié à la Guadeloupe. Il se conserva très-
bien dans la traversée , et la qualité en fut trouvée si
parfaite , que deux négocians de cette île prièrent leurs
correspondans à Marseille de leur en faire passer pour
objet de commerce.

1785. Manche jusqu'à Toulon , et celle qu'avaient faite ces bois pour arriver par Cherson à ce port militaire (1).

Ce qui excitait surtout l'attention de ce ministre de la marine , c'est le précis que je lui faisais passer successivement des procès-verbaux que dressait le maître mâteur , des forêts de chênes , d'ormes et de pins qu'il visitait dans l'Ukraine et la Lithuanie.

Ses rapports ne laissaient aucun doute sur la ressource prodigieuse dont seraient, pour la construction de nos vaisseaux , les forêts de chênes nombreuses et richement meublées qu'il avait parcourues.

Il assurait que les arbres y étaient en général très-beaux , bien montés et en bon état; qu'on pouvait en tirer des pièces de toute dimension , jusqu'aux plus considérables et en très - grande quantité ; que le chêne de ces contrées méritait d'être assimilé à celui de Bourgogne , et il en jugeait la qualité excellente pour le service de la marine.

Elle pouvait , disait-il , faire ouvrer dans ces forêts des merrains et des gournables bien

____

(1) Ces deux routes sont tracées dans le tableau de l'Europe , gravé en marge de la carte jointe à cet ouvrage.

au-delà de ses besoins. Son assertion , qu'on en serait très-satisfait, a été justifiée par l'expérience.

1785.

Les découvertes de ce maître mâteur en bois d'orme que l'on emploie dans nos constructions , ne furent pas moins heureuses. Il en trouva parmi les forêts de chênes une quantité considérable de la meilleure espèce. Ces arbres étaient généralement bien droits, riches en longueur et du plus fort diamètre.

Quant aux forêts de pins, elles étaient dénuées d'arbres de vingt-quatre à trente palmes, dimensions les plus recherchées à cette époque : il y avait fort peu de mâts de vingt-une à vingt-quatre palmes, qui fussent beaux et sains. Ils étaient en général très-défectueux ; mais on trouvait dans plusieurs de ces forêts des assortimens de onze à vingt palmes. Elles étaient en général épuisées par les extractions considérables qui avaient lieu tous les ans pour Riga.

Tous ces bois se voituraient par eau à Cherson, avec d'autant plus de facilité, que plusieurs grandes forêts de chênes et d'ormes sont à la proximité de cette ville au dessus des cataractes du Niéper.

La gabarre *l'Utile* venait de m'être cédée par le ministre de la marine , en remplacement de la flûte *la Syrène*, qui n'était nullement propre au transport des mâts, car elle n'avait pu recevoir la totalité des deux cent soixante-quatre pièces dont il a été question ci - devant. J'expédiai à Cherson cette gabarre pour prendre le restant, ainsi que les bois de chêne et d'orme, les merrains, les gournables, le chanvre et le bœuf salé que j'avais fait préparer pour l'arsenal de Toulon.

Plusieurs négocians de Cherson et de Marseille étaient entrés en concurrence avec moi pour le commerce des provinces méridionales de la Russie et de la Pologne par la Mer - Noire. Vingt navires étaient arrivés cette année de Cherson à Marseille, et quinze de Marseille à Cherson.

CHAPITRE XXVIII.

Élévation de l'auteur et de sa famille aux honneurs de la noblesse.

M. le maréchal de Castries jugea les progrès de ce nouveau commerce dignes de fixer l'attention du roi, et capables de justifier les encouragemens dont en 1783 il avait sollicité sa majesté d'honorer mon entreprise. Sur le rapport de ce ministre et de celui de M. le baron de Breteuil, sa majesté me fit la grace insigne de m'élever aux honneurs de la noblesse, et de la rendre héréditaire dans ma famille. 1786.

Les lettres qui me furent expédiées à ce sujet faisaient mention des services de mes bisaïeul, aïeul et père dans la magistrature de lieutenans-généraux de police qu'ils avaient successivement exercée dans la ville d'Embrun en Dauphiné. Cette circonstance ne permet pas de douter que la marque distinctive des bontés du roi dont je fus honoré, m'était conférée autant en récompense du zèle constant et du dévoûment de ma famille, qu'en mémoire des divers travaux auxquels

—— il était dit dans ces lettres que je m'étais livré pour étendre le commerce national, et en considération des relations que j'avais eu le bonheur d'établir le premier entre nos ports et ceux de la Mer-Noire.

Une grace aussi honorable et aussi inespérée m'aurait fait redoubler d'émulation, si déjà je n'avais été animé au plus haut degré du desir de me rendre utile.

CHAPITR

CHAPITRE XXIX.

Traité entre la France et la Russie.

Je m'efforçais de donner des preuves de mon zèle à M. le comte de Vergennes et à M. le comte de Ségur, dans ma correspondance avec ces ministres au sujet du traité de commerce qui se négociait à cette époque à Pétersbourg, entre la France et la Russie. 1786.

M. le comte de Ségur, dont la sagacité, les lumières et le mérite sont universellement reconnus, jaloux de rendre ce traité aussi avantageux que possible au commerce français, crut devoir recourir dans cette circonstance à l'expérience de plusieurs négocians, et les consulter sur divers points.

Il me fit particuliérement cet honneur, m'invita même à me rendre auprès de lui à Pétersbourg, dans l'idée que, m'étant occupé pendant un séjour de dix-huit mois en Russie, à y acquérir des notions sur le commerce de cet empire, spécialement dans ses relations avec la France par la Baltique et par la Mer-Noire, j'aurais fait peut-être des

L

observations dont il pourrait tirer quelque avantage.

Je dus être flatté de l'invitation de M. de Ségur ; mais je compris que je ne la devais qu'au zèle ardent de ce ministre pour les intérêts de sa patrie, et à l'opinion trop avantageuse qu'on lui avait donnée de ma capacité, et je me rendis justice en me défendant d'accepter ce témoignage de son estime.

Je me bornai à lui soumettre les renseignemens mercantiles que je crus propres à intéresser la négociation du traité.

Ce ministre parvint à la terminer heureusement à la fin de cette année ; ce qui est d'autant plus glorieux pour lui, que ses prédécesseurs avaient vainement tenté de conclure avec la Russie un traité de navigation et de commerce. Celui-ci est par conséquent le premier qui ait lié les deux nations. Il fut signé à Pétersbourg le 31 décembre 1786 (v. st.), ou le 11 janvier 1787 (n. st.).

Je ne crois pas superflu de retracer ici sommairement l'objet de chaque article de cette convention. La réciprocité et une juste compensation paraissent en former les bases. Il eût été cependant à desirer que l'impératrice eût facilité davantage l'entrée de nos productions dans ses États, notamment celle de nos vins ordinaires, sur lesquels la douane perçoit un droit de 9 roubles par oxfod (1) dans les ports de la Mer-Noire, tandis que les vins d'Espagne, de Portugal, de la Valachie et de l'Archipel, dont le coût primitif ne diffère guère de celui de nos vins communs, ne paient que 3, 4 et demi et 6 roubles; mais il n'en faut pas moins considérer ce traité comme très-avantageux à la France, surtout dans la circonstance où il fut conclu.

Voici l'indication ou précis des quarante-sept articles qui le composent :

ARTICLE Ier. Paix perpétuelle et bonne intelligence entre les deux États.

II. Liberté de commerce pour les sujets des deux nations, conformément aux lois et réglemens de chaque pays.

III. Liberté de conscience pour les Russes en France, et pour les Français en Russie.

IV. Droits, franchises et exemptions dont jouissent dans chaque État les nations les plus favorisées, accordées respectivement sous l'obligation de s'y conformer aux lois et aux tarifs existans.

V. Établissement de consuls et vice-con-

1787.

(1) Cette mesure correspond à deux cent quarante pintes de Paris.

—— suls dans les ports et villes des deux États, dont l'entrée et le commerce sont ouverts aux autres nations; choix de ses officiers, qui ne peut être fait sans permission parmi les sujets nés dans les États de la puissance chez laquelle ils résideront.

VI. Police sur les équipages des navires, et jugement des différends qui surviendront parmi eux, attribués aux consuls respectifs.

VII. Liberté aux négocians de se soumettre au jugement de leurs consuls ou des tribunaux du pays.

En cas d'avarie, les consuls en prendront connaissance, les Russes pour ce qui regarde les Russes, etc.

VIII. Contestations entre les sujets respectifs à juger par les tribunaux établis pour les affaires du commerce.

IX. Assemblées des négocians pour l'objet de leur commerce autorisées.

X. Droits à payer suivant les tarifs existans ou à établir; suppression du droit de fret en faveur des navires russes, excepté pour le cabotage.

Faveur accordée aux Français de payer en Russie, excepté à Riga, la douane en monnaie courante, en calculant le risdale à 125 copecks.

XI. Suppression du droit de 20 pour 100 sur les marchandises venant des ports de la Mer-Noire à Marseille et à Toulon, sous condition que les capitaines justifieront qu'elles sont du crû de la Russie par des certificats des consuls de France, et à leur défaut par ceux des douaniers ou juges locaux.

Droits à payer en France par les bâtimens russes et leurs cargaisons, à l'instar de ce que paient les Français.

Participation aux Français de la réduction du quart sur la douane dans les ports de la Mer-Noire, conformément au tarif du 27 septembre 1782.

XII. Réduction du droit sur les fers de Russie, importés en France par des navires français ou russes, au taux des fers de la nation la plus favorisée, et diminution de 20 pour 100 sur ceux de la cire en balle ou en grain, et des suifs.

Rabais de 3 roubles par oxfod sur la douane du vin de France, fixée désormais à 12 roubles, et dans les ports de la Mer-Noire à 9 roubles s'ils sont importés sur des navires français ou russes, pour compte des sujets des deux nations.

Diminution de 10 copecks par bouteille sur le vin de Champagne et de Bourgogne.

Le premier paiera désormais 50 copecks, et dans les ports de la Mer-Noire 37 copecks et demi.

Le second paiera 40 copecks, et dans les ports de la Mer-Noire 30 copecks.

Réduction sur le droit de douane pour le savon de Marseille, qui sera à l'avenir de 1 rouble par poud.

XIII. Certificats exigés pour constater les propriétés russes et françaises, relativement aux articles X, XI et XII.

XIV. Fixation à 1 rouble pour chaque attestation exigée. Les Russes prendront celles des consuls français, et à leur défaut celles de la douane ou du magistrat du lieu.

XV. Exemption d'impôts et de charges, qui seront, pour chacun des sujets respectifs, les mêmes dans les deux États, que pour les nations les plus favorisées.

Naturalisation, qui assujettit aux mêmes charges que les indigènes.

XVI. Suppression du droit d'aubaine et de détraction, et liberté à chacun de la disposition de ses biens.

Lettres-patentes nécessaires aux Russes, pour pouvoir posséder en France des offices, etc.

XVII. Coutume de chaque État, qui sera

suivie pour la visite des bâtimens , pour les déclarations et vérifications , et pour les peines à infliger aux contrebandiers, qui ne seront pas traités avec plus de rigueur que les nationaux.

XVIII. Exemption de visite et de tout droit pour les navires , excepté celui des fanaux et de port , en cas de relâche forcée et si l'on ne débarque rien.

XIX. Exemption de visite pour les vaisseaux de guerre, qui seront cependant assujettis aux lois de police et des bureaux de santé ; franchise de droits sur leurs approvisionnemens ; entrée dans les ports, limitée à cinq à la fois , à moins de permission.

XX. Suppression du salut en mer entre les vaisseaux des deux nations.

XXI. Défense d'arrêter les navigateurs et les bâtimens, et de recevoir des fugitifs, etc. à bord des navires, qui devront les rendre lorsqu'on les en requerra.

XXII. Circonstances où, suivant des formes judiciaires, les bâtimens, les équipages et les marchandises peuvent être arrêtés ou saisis, et le jugement rendu selon les lois du pays.

XXIII. Promesse de rendre les matelots déserteurs, et de prêter main-forte aux capitaines.

XXIV. Assurance qu'en tems de guerre les navires des deux États ne seront point forcés de servir pour des transports ou dans les flottes.

XXV. Défense de forcer les matelots des bâtimens d'une nation à passer au service de l'autre.

Réclamation autorisée des sujets d'une puissance, quand ils seront à bord des bâtimens de l'autre.

XXVI. Accords pour pouvoir commercer et naviguer dans les États avec lesquels une des puissances serait en guerre.

XXVII. Adoption des principes de la neutralité armée, décrits tout au long.

XXVIII. Défense respective d'attaquer des vaisseaux ennemis à la portée du canon des côtes de son allié.

XXIX. État des articles réputés contrebande de guerre et sujets à confiscation (1).

____

(1) Armes à feu, canons, arquebuses, fusils, mortiers, pétards, bombes, grenades, saucisses, cercles poissés, affûts, fourchettes, bandouillères, poudre à canon, mèches, salpêtre, balles, piques, épées, morions, casques, cuirasses, hallebardes, javelines, fourreaux de pistolets, baudriers, selles et brides, et tous autres genres d'armes et d'instrumens de guerre, servant à l'usage des troupes.

XXX. Faculté donnée à la puissance neutre
d'acheter des navires dans les ports de la 1787.
puissance ennemie de l'un des deux États.

XXXI. Visite des bâtimens marchands permise en tems de guerre aux vaisseaux de guerre
ou corsaires; procédés et formalités à suivre.

XXXII. Dommages à supporter par les
commandans des vaisseaux armés, s'ils mo-
lestent et endommagent les navires marchands.

XXXIII. Conduite à observer envers les
bâtimens qui auront à bord de la contrebande
de guerre déclarée de bonne prise; faculté de
continuer leur navigation.

XXXIV. Les sujets de la puissance ennemie sont considérés comme ceux de la puissance neutre, lorsqu'ils ont été naturalisés
chez elle ou qu'ils sont à son service.

XXXV. Secours et assistance en cas de
naufrage, et formalités à suivre pour le sau-
vetage, dont la direction est confiée aux
consuls.

XXXVI. Attribution aux tribunaux de
commerce, du jugement des différends qui
surviendront en affaires mercantiles; permission d'employer des avocats, etc.

XXXVII. Procuration aux commis pour
enregistrer à la douane les contrats de vente

on d'achats; injonction aux douaniers d'empêcher que les commis n'outrepassent les pouvoirs qu'ils leur représentent.

XXXVIII. Exécution des contrats enregistrés, assurée par l'autorité.

XXXIX. *Braqueurs* des marchandises, rendus responsables en cas de preuve de négligence et de mauvaise foi.

XL. Paiemens des achats des marchandises à effectuer en monnaie courante de Russie, à moins d'accord contraire.

XLI. Liberté du choix de la langue dans laquelle les négocians voudront tenir leurs livres; occasions où un article de ces livres serait ostensible.

XLII. Règles à observer en cas de banqueroute.

XLIII. Permission aux sujets des deux nations d'acheter des maisons dans certaines villes des États respectifs; franchises en faveur de ceux qui en seront les propriétaires.

XLIV. Faculté aux négocians des deux nations, de rentrer dans leur patrie quand ils le voudront.

XLV. Terme d'une année, accordé en cas de guerre entre les deux puissances, aux sujets respectifs pour recouvrer leurs biens et rentrer dans leur patrie.

XLVI. Durée du présent traité, fixée à douze années, sauf à le prolonger ou à en contracter un nouveau.

XLVII. Ratification de ce traité à échanger dans trois mois.

M. le comte de Vergennes était dangereusement malade lorsqu'il reçut ce traité de commerce par un courier extraordinaire arrivé à Versailles le 31 janvier. Le ciel ne permit pas que ce ministre des affaires étrangères jouît long-tems de la satisfaction que lui fit éprouver le succès de la négociation de M. de Ségur, qui avait changé notre position en Russie. Il succomba à ses maux peu de jours après cette importante nouvelle.

CHAPITRE XXX.

Mortalité à Cherson. Liberté rendue à des navires russes par les puissances barbaresques. Refus de la Porte à un bâtiment de passer dans la Mer-Noire.

La mort de M. le comte de Vergennes avait été précédée de la perte que j'eus le malheur de faire à Cherson, d'un de mes frères et de plusieurs personnes attachées à mon établissement. Ils moururent victimes des fièvres malignes qui s'étaient manifestées dans cette ville pendant l'été, avec tant de violence, que ce mal contagieux gagna jusqu'aux équipages de mes navires.

Quelques mois après, cette même maladie m'enleva un autre frère, et ce nouveau malheur me plongea dans la plus profonde douleur.

Cherson ressemblait à un vaste hôpital : on n'y voyait que morts et mourans. La convalescence y était hideuse par le teint pâle et livide que conservaient long-tems les per-

1787.

sonnes qui avaient échappé à ce fléau destructeur. Pour s'y soustraire, les habitans, ¹⁷⁸⁷.
découragés et consternés, fuyaient leurs de-
meures, et allaient passer la saison des chaleurs dans d'autres villes.

Ce tableau, que je mis sous les yeux de M. de
Simolin, ministre de l'impératrice de Russie à
Paris, le frappa et l'intéressa à un tel point, que,
dans l'espoir de faire partager à sa cour l'im-
pression qu'il en avait reçue, il fit passer ma
dépêche à Pétersbourg, et appuya vivement
mes observations tendantes à faire choix d'un
local plus sain et plus convenable, tel que Gloubok, pour y bâtir une ville marchande, et y
transférer tous les établissemens publics, relatifs au commerce qui existait à Cherson.

Mais vers ce tems - là l'impératrice se
trouvait à Kiow ; elle devait se rendre au
printems à Cherson, et visiter la Crimée. Le
prince Potemkin, gouverneur de ces contrées,
occupé des préparatifs pour y recevoir digne-
ment cette souveraine, renvoya à une autre
époque l'examen des divers projets auxquels
avait donné lieu l'air pestilentiel qu'on res-
pirait à Cherson, et les fièvres qui s'y mani-
festaient tous les étés avec plus ou moins de
malignité.

Le prince remit aussi à un autre tems, de

prendre en considération le mémoire que lui présentèrent pendant son séjour à Cherson les négocians de cette place, et qui contenait différentes demandes.

Ils s'étaient proposés de lui faire des représentations sur le trouble qu'apportaient les corsaires barbaresques à la navigation marchande russe dans la Méditerranée ; mais ils apprirent que la régence de Tunis, après avoir examiné le firman du grand-seigneur, dont étaient porteurs les deux navires conduits dans ce royaume, les avait relâchés, et que le dey d'Alger s'était conformé aux ordres de la Porte en faisant restituer un vaisseau russe qui avait été capturé, et que réclama M. de Bulhacow.

Ce ministre de l'impératrice près la Porte se donna beaucoup de mouvement pour déterminer le gouvernement ottoman à laisser passer dans la Mer-Noire la gabarre *l'Utile*, arrivée de Toulon à Constantinople sous le pavillon russe comme tous mes autres navires, et destinée pour Cherson, où l'on a vu qu'elle allait prendre les mâts, les bois de chêne et d'orme, les gournables, merrains, chanvre et bœuf salé que j'avais fait préparer pour la marine.

La Porte objectait que la portée de ce vaisseau était au dessus de celle fixée par le traité,

et elle se refusait constamment aux épreuves
et expertises qui lui étaient proposées pour
la démonstration du contraire. *Ce navire est
trop gros :* telle fut sa réponse pendant les cinq
mois que passa dans le port de Constantinople
cette gabarre , qui fut obligée de retourner à
Toulon sur son lest.

1787.

CHAPITRE XXXI.

La Porte déclare la guerre à la Russie, d'après les instigations de l'Angleterre. Motifs de la conduite de cette dernière puissance.

1787. Le refus que fit la Porte de laisser passer mon navire dans la Mer-Noire avait d'abord été l'effet de suggestions perfides, et il fut bientôt suivi de procédés hostiles contre la Russie.

Le grand-seigneur avait pris ombrage du voyage de l'impératrice en Crimée, de l'entrevue de cette souveraine avec l'empereur d'Allemagne, et du départ, pour cette presqu'île, de leurs ministres M. de Bulhacow et M. le baron de Herbert.

L'ambassadeur d'Angleterre et l'envoyé de Prusse redoublèrent par leurs insinuations les alarmes de la cour ottomane. La marche triomphale de l'impératrice, le rassemblement de tant de troupes sur le même point, la réunion d'une flotte nombreuse à Sevastopol, étaient aux yeux des Turcs autant d'indices du projet que depuis long-tems on supposait à

Catherine

Catherine II et à Joseph II de les chasser
de l'Europe, et de partager les grandes et 1787.
superbes provinces soumises à la domination
du grand - seigneur dans cette partie du
monde.

Tous ceux qui ont quelque idée de la politique anglaise se défendront de penser qu'elle
eut, dans cette circonstance, la conservation
de l'empire ottoman pour objet. Ils cherche-
ront dans les intérêts commerciaux et maritimes de l'Angleterre, les motifs qui l'engagèrent à alarmer les Turcs et à les exciter à
la guerre.

Le terme de son traité de commerce avec
la Russie était expiré : en le renouvelant,
l'impératrice exigeait que les principes de la
neutralité armée y fussent reconnus, et l'Angleterre s'y refusait hautement.

La cour de Londres vit avec plus de ressentiment encore le traité conclu entre la
France et la Russie, et les résultats avantageux qui dérivaient pour nous de cette convention.

Le commerce de la Mer-Noire avait pris
un grand essor : plus de deux cents navires
russes ou autrichiens y étaient employés. La
France cherchait à procurer l'entrée de cette
mer à son pavillon. Elle faisait, sous celui des

—— deux cours impériales, des importations et des
1787. exportations qui augmentaient toutes les années. Dans les six premiers mois de celle-ci,
dix-huit navires avaient été expédiés de Marseille à Cherson, et dix-neuf de ce port au
premier. Il était arrivé, des ports du Danube
à Marseille, trois navires autrichiens, chargés de blé de Hongrie. L'empereur et le roi de
Naples entretenaient des consuls à Cherson.
Gênes, Livourne et Trieste avaient des relations dans la Mer-Noire, y envoyaient et en
recevaient des cargaisons sous les pavillons
de l'Autriche et de la Russie. Enfin, l'expérience avait prouvé que les mêmes munitions
navales qu'on tirait de Riga et de Pétersbourg
avaient une route au midi de la Russie, plus
facile, plus courte, moins dispendieuse, et
qu'il s'opérait dans le commerce une révolution, dont tous les avantages étaient pour la
France et la Russie.

Un seul de ces objets de la jalousie anglaise
était capable d'engager le cabinet britannique
à profiter des dispositions ombrageuses de la
Porte contre les Russes. Il l'excitait à la guerre,
non pour faire échouer les projets de l'impératrice, mais dans l'espoir de faire repentir
cette princesse, tant du refus de proroger purement et simplement son ancien traité avec

l'Angleterre, que de la conclusion de celui qui 1787.
avait été signé avec la France.

Il était évident que si la guerre éclatait entre
les Russes et les Turcs, le commerce de la
Russie sur la Mer-Noire, et ses rapports avec
la Méditerranée par Cherson, seraient tout
à coup interrompus. L'animosité de la cour
de Londres ne pouvait que se repaître avec
satisfaction de cette espérance.

Elle se promettait un autre résultat ; c'est
que les Turcs battraient les Russes; qu'ils re-
conquerraient la Crimée ; que, redevenus
maîtres de tous les ports de la Mer-Noire, ils
n'y laisseraient entrer ni Russe ni Autrichien,
et que ce nouveau commerce, sujet d'inquiétude et d'ombrage pour elle, retomberait dans
le néant, d'où il n'était sorti que depuis quatre
ans.

La Prusse partageait ces espérances, for-
mait les mêmes souhaits par rapport au commerce des villes d'Elbing, de Kœnigsberg et
de Dantzick, pour lequel elle appréhendait
la concurrence des ports de la Mer-Noire.

Mais la fortune des deux empires a déçu
ces combinaisons machiavéliques du ministère anglais, tout comme son espoir de placer
la France, par cette guerre, dans une alter-
native fâcheuse envers les puissances belligé-

—— rantes. Il ne s'attendait pas sans doute qu'elle observerait une parfaite neutralité, et qu'elle conserverait par-là son influence auprès de la Porte , et les avantages de son traité avec la Russie.

Pour la compromettre envers l'impératrice, le cabinet de Londres fit suggérer à la Porte d'envoyer à Oczakow des officiers et des ingénieurs français; d'afréter des navires de cette nation , pour transporter des munitions de toute espèce dans ses ports militaires sur la Mer-Noire.

C'est à cette occasion que le pavillon français a flotté pour la première fois sur cette mer.

A l'instigation de l'Angleterre et de la Prusse, la Porte avait rassemblé et fait avancer une armée considérable sur le Danube ; elle semblait n'attendre , pour rompre avec l'impératrice, que le retour de cette princesse à Pétersbourg , et celui de son ministre M. de Bulhacow à Constantinople.

Ce fut le 16 août 1787 , qu'elle consomma son plan d'agression en faisant mettre M. de Bulhacow au château des Sept-Tours, et en déclarant la guerre à la Russie.

CHAPITRE XXXII.

Interruption du commerce et de la navigation de la Mer-Noire. Retraite de M. le maréchal de Castries du ministère de la marine.

LA rupture soudaine et imprévue entre la Porte et la Russie me surprit dans une grande activité d'affaires. 1787.

Je venais de faire partir de Marseille deux bâtimens pour Cherson ; j'en avais deux autres en armement pour la même destination. Mon établissement dans ce port de la Mer-Noire en avait expédié, à la même époque, trois à Marseille, et un quatrième aux bords du Danube.

Ce dernier fut pris, conduit à Constantinople et confisqué. Des trois autres, l'un échoua sur les côtes de la Natolie, et sa cargaison fut déprédée par les Turcs; l'autre ayant appris la guerre en route, se réfugia dans un port de la Crimée, débarqua ses marchandises sur la plage, où elles essuyèrent des avaries considérables. Le troisième navire fut séquestré par

— la Porte à son arrivée à Constantinople, et
restitué ensuite. Les deux vaisseaux que j'avais
fait passer à Cherson, ayant appris en mer la
déclaration de guerre, rebroussèrent chemin
et vinrent à Malte. J'obtins la permission de
leur faire prendre à cette île le pavillon français, et de les envoyer à Smyrne.

Je me trouvai fort heureux, dans cette fâcheuse circonstance, d'avoir fait assurer la
valeur de ces différentes expéditions ; elle me
fut payée exactement moyennant de légers
sacrifices.

L'empereur Joseph II ayant pris part à la
guerre, je fus forcé de renoncer à mon établissement de Cherson, d'ordonner la liqui-
dation de ses affaires, et de rappeler en France
toutes les personnes que j'avais successivement employées à ce commerce, devenu impraticable.

Il fut interrompu dans le moment où il avait
pris un grand essor, où je commençais à recueillir le fruit de tant de travaux, de tant
de peines. J'avais occupé à ce commerce les
sept navires dont j'étais l'armateur. Mes quatre frères avaient contribué à le faire fleurir
de concert avec moi, et je jouissais de la récompense digne de mon émulation en voyant
ces nouveaux rapports commerciaux et ma-

ritimes opérer à la fois la prospérité publique
et la mienne.

1737.

C'est à l'époque où la guerre détruisit ce
brillant état de choses, que j'appris la retraite de M. le maréchal de Castries du ministère de la marine, occasionnée par une infir-
mité grave. Au milieu de ses souffrances il
daigna me témoigner le plus vif intérêt sur
ma position, et me faire espérer qu'à sa re-
commandation je recevrais de la part de son
successeur toutes les marques de bienveillance
qu'une circonstance aussi malheureuse sollicitait en ma faveur.

Pourquoi faut-il que ce ministre, d'un grand
caractère, plein de zèle et de vertu, n'ait pas
assez vécu pour être témoin de l'activité prodigieuse qu'a acquise aujourd'hui un commerce aux progrès duquel il attachait un si
grand intérêt et tant de gloire (1) ?

Les événemens de la guerre survenue entre
les deux cours impériales et la Porte-Ottomane n'appartenant point à mon sujet, je me

______

(1) M. le maréchal de Castries est mort à Wolfen-
buttel au commencement de l'année 1800. Il montra
dans l'adversité une ame supérieure ; il expira en formant des vœux pour le bonheur et la tranquillité de la
France, et sa mémoire a laissé de justes regrets.

1787. bornerai à observer que, jusqu'à la paix conclue par les Turcs le 27 juillet 1790 , avec l'empereur Léopold, six mois après la mort de Joseph II , il ne se fit aucune espèce de commerce dans la Mer-Noire.

CHAPITRE XXXIII.

Traité de paix entre la Porte et la Russie. Rétablissement des relations de commerce. La France déclare la guerre à diverses puissances. Second partage de la Pologne.

La mort du prince Potemkin en Moldavie, où il commandait les armées de Russie, hâta la conclusion de la paix entre cette puissance et la Porte. Le traité en fut signé le 9 janvier 1792, à la suite des propositions des ministres d'Angleterre et de Prusse, dont les gouvernemens avaient excité les Ottomans à la guerre.

Elle fut très-malheureuse pour eux. Leurs pertes en territoire ont été très-importantes. Ils furent forcés de céder à la Russie tout celui qu'ils possédaient entre le Bog et le Niester, et les rives de ce dernier fleuve ont été établies pour frontière des deux empires par leur traité de paix.

Le traité de la Porte avec l'empereur fut à peine connu, que celui de mes frères qui avait survécu aux deux autres et à la contagion, et qui était revenu à Marseille après la déclaration de guerre, repartit pour Cherson. Pendant l'année 1792 il reçut, sous les pavillons russe et autrichien, plusieurs expéditions de marchandises, soit de ma part, soit de celle de divers négocians de Marseille, et il nous en fit les retours. Le ministre des affaires étrangères et celui de la marine me répondirent affirmativement et avec bonté sur la demande de faire jouir ces entreprises de la même protection et des mêmes facilités qu'avant la guerre qui en avait interrompu le cours.

Il le fut de nouveau, et pour plusieurs années, par les fameux décrets rendus par la Convention nationale au commencement de l'année 1793, décrets qui mirent la France en guerre avec toute l'Europe.

Mon frère crut convenable de ne pas continuer à résider à Cherson ; il en partit pour aller s'établir à Constantinople.

L'animosité de l'impératrice contre les Français était poussée à un tel point, qu'elle défendit, par deux ukases, l'introduction dans ses États de toute marchandise qui aurait été fabriquée en France.

Cette mesure extraordinaire dut mettre le

comble à la satisfaction des Anglais. Le traité
de la Russie avec la France était rompu, le commerce de la Mer-Noire anéanti, les principes de la neutralité armée laissés à l'écart. Que leur restait-il à desirer ? Le renouvellement de leur ancien traité de commerce ; ils l'obtinrent sans difficulté, et cette nouvelle convention fut signée à Pétersbourg le 25 mars 1793.

1793.

Parmi les événemens remarquables de cette année et de la suivante, on citera à jamais la révolution survenue en Pologne : on sait qu'elle eut pour résultat le partage des provinces qui composaient ce royaume après le démembrement de 1773.

Ce partage eut lieu comme le précédent, entre les cours de Vienne, de Pétersbourg et de Berlin. Les pays qui avoisinent la Mer-Noire formèrent le lot de la Russie ; le Bog lui a servi de frontière avec l'Autriche. La Vistule sépare cette puissance de la Prusse ; les Russes et les Prussiens ont le Niemen pour limite.

Il est encore permis de douter que le commerce de la Pologne par la Mer-Noire, celui surtout des provinces échues à l'Autriche et à la Prusse, devienne aussi considérable qu'il promettait de l'être avant l'anéantissement de cet antique royaume.

CHAPITRE XXXIV.

Mort de Catherine II. Avénement de Paul I au trône de Russie. Promulgation d'un nouveau tarif de douanes. Déclaration de guerre à la France.

1796. — Catherine II n'a survécu que deux ans à l'anéantissement de la Pologne. Elle mourut presque subitement d'une attaque d'apoplexie, le 9 novembre 1796.

Le grand - duc son fils lui succéda sous le nom de Paul Ier.

Cet empereur fit publier le 12 octobre 1797, un nouveau tarif général des douanes pour toute la Russie.

Il différait, dans plusieurs dispositions, de celui promulgué en 1782. Elles étaient plus rigoureuses, et tendaient à rétrécir le commerce par un surcroît de droits et de prohibitions nouvelles. Ce tarif prescrivait de payer la douane d'entrée dans tous les ports de Russie, sans excepter ceux de la Mer-Noire, en risdales effectives de Hollande, qui seraient reçues pour 140 copecks , quoique cette monnaie en coûtât beaucoup plus. Il établissait un droit additionnel de 2 pour 100 sur la valeur de celui payé à l'importation, et de 1 pour cent sur celle de l'exportation. La douane des marchandises de France y était fixée à un taux bien plus fort qu'auparavant ; enfin , ce tarif révoquait la faveur de la réduction du quart des droits, accordée par Catherine II au commerce de la Mer-Noire.

L'ukase qui ordonna l'exécution de ce tarif fait mention du port d'Odessa. J'aurai bientôt occasion de faire connaître cette nouvelle place de commerce , aujourd'hui la plus importante de toutes celles que la Russie possède sur la Mer-Noire.

Le commerce de cette mer souffrit un nouveau préjudice par la rupture qui eut lieu le 13 septembre 1798 , entre la Porte et la France. Cette puissance avait conservé la paix avec les Turcs au milieu de la guerre qu'elle soutenait contre la plupart des États de l'Europe ; mais il importait trop à l'Angleterre de détruire de fond en comble le commerce français dans les échelles du Levant, cet objet éternel de sa jalousie , pour laisser échapper l'occasion où ses tentatives, à cet

—— égard, étaient enfin susceptibles d'un succès complet.

Le cabinet de Londres s'unit donc avec ceux de Pétersbourg et de Vienne pour exciter la Porte à entrer en guerre avec la France, lui laissant entrevoir clairement que l'Angleterre, la Russie et l'Autriche deviendraient ses ennemies si elle ne cédait pas à leurs insinuations.

Ils faisaient servir de prétexte à leur animosité contre les Français, la conquête de Corfou et des autres îles ioniennes enlevées à la république de Venise, et dont la possession leur paraissait faciliter aux armées françaises l'entrée dans la Morée quand bon leur semblerait. Ils profitèrent enfin du ressentiment des Turcs au sujet de la conquête de l'Égypte par le général Bonaparte, pour les déterminer à déclarer, selon leurs vœux, la guerre à la France.

Le jour même de cette déclaration la Porte fit arrêter et conduire au château des Sept-Tours M. Ruffin, chargé d'affaires de France; elle fit mettre sous le scellé tous les papiers de l'ambassade et de la chancellerie; elle considéra et traita comme des prisonniers de guerre tous les Français établis dans l'empire otto-

man , soit consuls, soit négocians, navigateurs ou artistes ; elle les fit en conséquence 1798.
renfermer dans des prisons , et ordonna le sé-
questre , puis la confiscation à son profit de
toutes les marchandises, de toutes les créances
et du mobilier qui leur appartenaient.

Pour en obtenir une juste déclaration , les
gouverneurs de plusieurs échelles éloignées
de la capitale firent essuyer à nos malheureux compatriotes, des vexations, des tortures
et des cruautés. Je ne dirai pas que cette fé-
rocité à laquelle on suppose les Turcs naturellement portés , exercée par eux envers
leurs plus anciens alliés , était attisée par les
ennemis de la république française ; mais je
dirai qu'elle se ralentit avec le tems , et que
l'humanité reprit enfin ses droits trop long-
tems méconnus.

Peu de jours après la déclaration de guerre
on vit des vaisseaux russes se réunir sous
les Sept-Tours à des vaisseaux ottomans, et
cette flotte russo - turque faire voile pour
Corfou, afin d'obliger les Français à évacuer
cette île.

CHAPITRE XXXV.

Rétablissement de la tranquillité et de la paix en France par Bonaparte. Traité avec la cour de Vienne. Mort de Paul I. Élévation de son fils Alexandre au trône. Traité avec la Russie. Renouvellement des expéditions pour la Mer-Noire.

1799. 1800.

Pour délivrer la France des nombreux ennemis armés pour sa ruine, y étouffer les différentes factions qui la déchiraient, empêcher tous les partis de continuer à se détruire successivement les uns par les autres; pour éteindre cette soif de sang qui, à l'époque la plus funeste de la révolution, n'avait respecté ni âge, ni sexe, ni vertu, et qui couvrait de deuil tout le sol de la république ; pour rétablir enfin la tranquillité au dedans et au dehors, et nous procurer la paix , il fallait que le génie de la France, qui préside aux destinées de ce bel empire, transportât des rives du Nil aux rives de la Seine le conquérant

de

de l'Italie et de l'Égypte, ce héros immortel, ——— devenu par ses hauts faits le bienfaiteur de sa patrie, l'honneur des armes françaises et l'admiration du monde.

Bonaparte parut. Nommé chef de l'État, son premier vœu est pour la paix ; il l'offre, on la refuse ; il l'obtient de la victoire aux champs de Marengo : l'humiliation de nos ennemis, le retour à la paix et le bonheur dont jouit la France sont le résultat heureux des exploits, de la sagesse et du génie de ce grand-homme.

A partir de cette glorieuse époque, les souverains de l'Europe, en guerre avec la France, ont tour-à-tour fait des traités de paix avec son gouvernement.

Les relations politiques, suspendues depuis 1793 entre la France et la Russie, furent rétablies en l'année 1800. Pendant cet intervalle les ports de la Mer-Noire n'avaient pu entretenir des rapports de commerce qu'avec quelques échelles du Levant, parce que la Méditerranée était couverte de corsaires qui troublaient à l'excès la navigation des bâtimens neutres, dont on aurait pu se servir pour faire ce commerce directement ou indirectement.

Les navires autrichiens furent les premiers

—— qu'on eut la faculté d'y employer. Il s'en afré-
ta plusieurs dans les ports d'Italie , aussitôt
après le traité conclu à Lunéville le 20 plu-
viose an 9 (9 février 1801). On sait que ce
traité , à jamais célèbre, et dont on est particuliérement redevable au zèle éclairé, à la profonde sagacité et aux talens supérieurs du
prince Joseph Bonaparte , donna la paix à
l'empereur d'Allemagne , au corps germa-
nique et à la France. Des liaisons très-étroites
commençaient à se former entre la cour de
Pétersbourg et le gouvernement français
lorsque la mort de Paul Ier. , survenue le
28 mars 1801 , a fait monter son fils aîné sur
le trône de Russie , sous le nom d'Alexandre Ier.

Ce prince rendit immédiatement plusieurs
lois favorables à l'industrie et au commerce
de ses sujets. Dès qu'il eut pacifié les différends survenus du vivant de l'empereur son
père , entre la Russie et l'Angleterre, il donna
ses soins à la conclusion d'un traité de paix
avec la France.

Ce traité a été signé à Paris le 16 vende-
miaire an 10 (8 octobre 1801) : l'article V,
qui intéresse le commerce des deux États , est
ainsi conçu :

« Les deux parties contractantes convien-

» nent, en attendant la confection d'un nou-
» veau traité de commerce, de rétablir les
» relations commerciales entre les deux pays,
» sur le pied où elles étaient avant la guerre,
» en tant que faire se pourra, et sauf les mo-
» difications que le tems et les circonstances
» peuvent avoir amenées, et qui ont donné
» lieu à de nouveaux réglemens. »

Je n'eus pas plutôt connaissance de cette disposition du traité, que je préparai une expédition pour la faire arriver dans la Mer-Noire au printems suivant. Je la composai de vins de toute espèce, d'huile d'olive, de salaisons de divers genres, de liqueurs, de confitures, de fruits secs, etc. J'adressai ces marchandises à un ancien agent de ma maison à Cherson, qui n'avait pas quitté cette ville. On se formera certainement une juste idée du plaisir que j'éprouvai de pouvoir reprendre le cours de ces entreprises interrompues pendant dix années.

Mais quel essor pouvait prendre le commerce de la Mer-Noire, tant qu'il était gêné et entravé par la guerre que la France soutenait contre l'Angleterre et la Turquie?

<div align="center">~~~~~~</div>

N 2

CHAPITRE XXXVI.

Traité de paix de la France avec l'Angleterre et avec l'empire otto-man. Liberté au pavillon français de naviguer dans la Mer-Noire.

—— 1802. Les hostilités entre la France, l'Angleterre et la Turquie cessèrent enfin dans l'année 1802. Le traité de paix avec l'Angleterre fut signé à Amiens le 4 germinal an 10 (25 mars 1802), et celui avec l'empire ottoman a été conclu à Paris le 6 messidor suivant (25 juin 1802).

Voici la teneur du traité avec la Porte, qui intéresse si essentiellement notre commerce dans le Levant et dans la Mer-Noire.

Art. Ier. « Il y aura à l'avenir paix et amitié entre la République française et la sublime Porte-Ottomane. Les hostilités cesseront désormais et pour toujours entre les deux États. ·

II. » Les traités ou capitulations qui, avant l'époque de la guerre, déterminaient respectivement les rapports de toute espèce qui exis-

taient entre les deux puissances, sont en entier renouvelés. En conséquence de ce renouvellement, et en exécution des articles des
anciennes capitulations, en vertu desquels les
Français ont le droit de jouir dans les États
de la sublime Porte, de tous les avantages
qui ont été accordés à d'autres puissances,
la sublime Porte consent à ce que les vaisseaux du commerce français, portant pavillon
français, jouissent désormais sans aucune
contestation, du droit d'entrer et de naviguer librement dans la Mer-Noire. La sublime Porte consent de plus à ce que lesdits
vaisseaux français, à leur entrée et à leur
sortie de cette mer, et pour tout ce qui peut
favoriser leur libre navigation, soient entiè-
rement assimilés aux vaisseaux marchands
des nations qui naviguent dans la Mer-Noire.
La sublime Porte et le gouvernement de la
République prendront de concert des mesures efficaces pour purger de toute espèce
de forbans, les mers qui servent à la navigation des vaisseaux marchands des deux
États.

» La sublime Porte promet de protéger,
contre toute espèce de pirateries, la navigation des vaisseaux marchands français sur la
Mer-Noire. Il est entendu que les avantages

—— assurés aux Français par le présent article,
1802. dans l'empire ottoman, sont également assurés aux sujets et au pavillon de la sublime
Porte, dans les mers et sur le territoire de la
République française.

III. » La République française jouira dans
les pays ottomans qui bordent ou avoisinent
la Mer-Noire, tant pour son commerce que
pour les agens et commissaires des relations
commerciales qui pourront être établies dans
les lieux où les besoins du commerce français
rendront cet établissement nécessaire, des
mêmes droits, priviléges et prérogatives dont
la France jouissait, avant la guerre, dans les
autres parties des États de la sublime Porte,
en vertu des anciennes capitulations.

IV. » La sublime Porte accepte, en ce qui
la concerne, le traité conclu à Amiens entre
la France et l'Angleterre, le 4 germinal an 10,
(1216, zilkidés 22) : tous les articles de ce
traité, qui sont relatifs à la sublime Porte,
sont formellement renouvelés dans le présent
traité.

V. » La République française et la sublime
Porte se garantissent mutuellement l'intégrité
de leurs possessions.

VI. » Les restitutions et compensations dues
aux agens des deux puissances, ainsi qu'aux

citoyens et sujets dont les biens ont été con-
fisqués ou séquestrés pendant la guerre, seront réglés avec équité par un arrangement
particulier qui sera fait à Constantinople entre
les deux gouvernemens.

VII. » En attendant qu'il soit pris de concert de nouveaux arrangemens sur les dissen-
sions qui ont pu s'élever relativement aux
droits de douanes, on se conformera à cet
égard, dans les deux pays, aux anciennes
capitulations.

VIII. » S'il existe encore des prisonniers qui
soient détenus par suite de la guerre, dans
les deux États, ils seront immédiatement mis
en liberté sans rançon.

IX. » La République française et la sublime
Porte ayant voulu, par le présent traité, se
placer dans les États l'une de l'autre, sur le
pied de la puissance la plus favorisée, il est
entendu qu'elles s'accordent respectivement,
dans les deux États, tous les avantages qui
pourraient être ou avoir été accordés à d'autres puissances, comme si lesdits avantages
étaient expressément stipulés dans le présent
traité. »

L'article II de ce traité fit en France une
sensation d'autant plus agréable, qu'on s'y
attendait moins au consentement de la Porte,

—— pour l'entrée et libre navigation des bâtimens français dans la Mer-Noire.

Cette concession importante qui leur avait été refusée jusqu'à cette époque, et qui par conséquent doit être considérée comme l'un des effets avantageux de la guerre d'Égypte, ne peut manquer d'indemniser avec usure le commerce de Marseille des pertes que lui a fait essuyer l'interruption de ses relations au Levant pendant cette guerre.

CHAPITRE XXXVII.

Nations dont les navires peuvent entrer dans la Mer-Noire. Établissement, dans les ports de cette mer, de commissaires des relations commerciales. Obtention par M. Ruffin, d'un firman pour le premier navire français entré dans le Pont-Euxin.

Aussitôt après que notre traité avec la Porte a été rendu public, les Anglais, les Prussiens, les Espagnols, les Napolitains, les Hollandais, les Ragusais, le gouvernement des Sept-Isles, ont successivement demandé et obtenu la liberté pour leurs pavillons de naviguer dans la Mer-Noire. La Porte n'a cependant pas accordé aux Espagnols, aux Napolitains et aux Hollandais tous les avantages dont elle fait jouir, dans cette navigation, les Russes, les Autrichiens et les Français, et spécialement celui de pouvoir commercer dans ses ports sur cette mer, et d'y établir des consuls ou commissaires des relations commerciales.

1802.

La France en a envoyé dans les ports turcs d'Héraclée, de Sinope, de Trébisonde, situés en Asie ; dans ceux de Varna et de Gallatz, situés en Europe ; elle en a aussi établi dans les villes russes d'Odessa et de Cherson. Tous ces commissaires ont passé à Constantinople, à la fin de l'année 1802, avec M. le maréchal Brune : cet ambassadeur de France à la Porte-Ottomane leur a facilité les moyens de se rendre à leurs résidences respectives, et d'y être favorablement accueillis.

Comme il ne peut manquer d'aborder un jour beaucoup de navires français à Caffa et à Taganrok, il est naturel de penser que le gouvernement y aura également des commissaires pour y protéger la navigation et le commerce national.

M. le maréchal Brune leur accorde à Constantinople une protection si distinguée, qu'elle excite la satisfaction et la reconnaissance générale des négocians de Marseille, et de leurs établissemens dans le Levant et dans la Mer-Noire.

Avant l'arrivée de cet ambassadeur, M. Ruffin, chargé des affaires de France, était sorti des Sept-Tours, et avait obtenu de la Porte, en vertu de notre traité de paix avec elle, le firman du grand-seigneur pour le passage à la Mer-Noire du premier navire portant pavillon français, qui a demandé à y naviguer pour objet de commerce.

1802.

A l'aspect de ce firman, le cœur de M. Ruffin a dû tressaillir de joie ; il n'avait cessé de former des vœux et de faire tout ce qui dépendait de lui pour nous voir participer à cette navigation. Cet ancien serviteur de l'État, d'un mérite supérieur, a dû trouver une récompense digne de lui dans la perspective des avantages que retirerait sa patrie des concessions obtenues.

Personne n'a été plus à portée que M. Ruffin de les apprécier. Il a résidé dans la Crimée auprès du khan des Tartares, en qualité de consul-général de France, et a parcouru en 1769, avec le fameux khan Krim-Gueray, la nouvelle Servie et la Bessarabie, provinces où les Russes ont fondé Cherson et Odessa.

Qu'il me soit permis d'offrir ici à ce sage, à ce savant, à ce diplomate éclairé, de l'estime duquel je m'honore, l'hommage de ma vive reconnaissance pour les témoignages qu'il n'a cessé de me donner d'un intérêt sincère au succès de mes entreprises dans la Mer-Noire !

CHAPITRE XXXVIII.

Paix générale. Grande activité du commerce de la Mer-Noire en 1803.

1803. Pour que le commerce et la navigation de la Mer-Noire pussent acquérir promptement un grand essor, il fallait que toute l'Europe fût en paix : elle a enfin joui de ce bonheur vers le milieu de l'an 1802 , graces à la prudence , à l'habileté et au grand caractère du héros qui gouverne la France.

Chaque nation, chaque particulier, s'est occupé immédiatement à réparer ses pertes , suite inévitable d'une guerre aussi longue que désastreuse.

De toutes les spéculations auxquelles se sont livrés les armateurs et les négocians des différens ports de la Méditerranée , aucune ne les a séduits davantage que le commerce de la Mer-Noire , dont la navigation venait d'être ouverte à la plupart des pavillons.

Pendant la guerre tous les greniers à blé s'étaient vidés : il n'y avait plus, comme autrefois en Italie, des dépôts de cette denrée en réserve. Loin d'avoir du superflu, ces con-

trées tiraient des grains de l'étranger. Les
ports de la Mer-Noire étant regardés à juste 1803.
titre comme des sources fécondes en cette denrée, c'est particuliérement vers ces ports que
se sont dirigées de toutes parts en 1803 des
expéditions de navires pour y aller chercher
du blé.

Il est passé sur plusieurs de ces bâtimens
des marchandises et des espèces en plus ou
moins grande quantité ; mais la majeure
partie s'y est rendue sur son lest, dans la
crainte, de la part des afréteurs, de ne pas y
trouver un débouché prompt et avantageux
des objets qu'ils y enverraient. Ces négocians
ont préféré de faire les fonds pour leurs achats
par l'intermédiaire des banquiers de Moscou,
de Pétersbourg, de Hambourg, de Varsovie,
de Vienne, de Brodi et de Constantinople.

Tel est le mouvement prodigieux qu'ont
imprimé à ce commerce sa nouveauté et la
concurrence excitée par la rareté des grains
comme par l'espoir de grands profits, que,
suivant des tableaux authentiques, le nombre
des bâtimens de diverses nations, entrés pendant l'année 1803 dans les ports de la Mer-
Noire, s'élève à neuf cents, dont cinq cents à
Odessa, deux cents à Taganrok, et les autres
à Caffa, à Kosolow et à Sevastopol.

Sur ces neuf cents bâtimens, huit cent quinze sont partis la même année des ports ci-dessus pour différentes destinations. L'état suivant fera connaître celles qu'ils ont eue, les ports les plus commerçans de la Mer-Noire, et la part qu'a prise à leur commerce le pavillon de chaque nation jouissant de la liberté de naviguer dans cette mer. Quant aux cargaisons de ces huit cent quinze navires, elles consistaient la plupart en blé. La quantité qu'ils en ont exportée s'élève à six millions trois cent mille quilots environ, mesure de Constantinople, correspondante environ à un million cent douze mille chetverts de Russie, à soixante-quatorze mille sept cents last d'Amsterdam, à un million quatre cent mille charges de Marseille, ancienne mesure; à un million quatre cent dix-huit mille sept cents setiers de Paris, *idem;* à deux millions deux cent trois mille six cents hectolitres, nouvelle mesure de France.

Noms des ports où ces 815 navires ont pris leurs cargaisons.	Pavillons des 815 navires ci-contre.	Destination des 815 navires ci-contre.
552 à Odessa.	421 autrichiens.	186 pour Trieste.
210 à Taganrok.	329 russes.	144 pour Messine.
23 à Caffa.	18 ragusais.	103 pʳ Céphalonie.
19 à Kosolow.	16 ioniens.	72 pour Gènes.
7 à Sevastopol.	15 français.	57 pour Livourne.
4 à Cherson.	7 anglais.	26 pour Corfou.
	6 idriotes.	24 pʳ Barcelonne.
	3 espagnols.	19 pour Marseille.
		10 pour Naples.
		8 pour Malte.
		7 pour Chesmé.
		4 pour le Zante.
		155 partis sans indiquer leur destination, à cause de la guerre.
815	815	815

Une partie des bâtimens qui se sont rendus en Italie auraient abordé à Marseille sans la guerre qui a été déclarée à la France par l'Angleterre, le 16 mai 1803. Par ce motif plusieurs de ces navires, qui avaient été afrétés à ce port pour y retourner, n'y sont pas venus.

CHAPITRE XXXIX.

Déclaration de guerre de l'Angleterre à la France. Motifs et vues du cabinet de Londres.

1803. Il paraîtra fabuleux à la postérité, qu'après une guerre de dix ans, et peu de mois après la paix qui avait fait cesser ce fléau, il se soit rallumé avec plus de fureur entre les Anglais et les Français : on ne pourra expliquer cet événement singulier, qu'en supposant à l'une des parties qui a signé le traité de paix, le projet de l'enfreindre incessamment.

Ce reproche ne saura s'adresser à la France, si l'on considère la loyauté et l'empressement de son gouvernement à exécuter les conditions du traité ; si l'on porte ses regards sur son expédition à Saint-Domingue, opération militaire qui peut-être n'aurait pas été entreprise s'il y avait eu le moindre doute sur la durée de la paix ; si l'on observe enfin la confiance avec laquelle les armateurs et les négocians français se sont empressés à employer leurs navires et leurs capitaux à des

spéculations

spéculations maritimes pour les quatre parties du monde.

C'est le moment où le gouvernement et le commerce déployaient une activité nouvelle, capable de compenser, par ses succès, les maux de la guerre ; c'est ce moment, dis-je, que le cabinet de Londres épiait et a choisi pour tâcher de se soustraire à l'exécution de l'article du traité qui l'obligeait à évacuer l'île de Malte.

Mais il a été déçu dans son attente s'il a pensé que la position de la France pût présenter à son gouvernement une seule considération qui dût prévaloir sur un point de si haute importance.

En s'appropriant l'île de Malte, l'Angleterre a manifesté clairement son projet d'en faire l'entrepôt général de son commerce dans la Méditerranée, de rendre tributaires de son industrie les nations qui peuplent ses rivages, de les maîtriser, de leur dicter des lois, de dominer enfin dans cette mer, au point de ne la laisser fréquenter que par ses amis et ses alliés s'il lui convient toutefois d'y en conserver encore.

Tel serait le résultat qui menacerait les peuples qui partagent la souveraineté de la Méditerranée, si la France ne combattait pour en

O

1803. éloigner ces insulaires audacieux, qui s'y sont introduits pour préparer un joug et des fers au commerce et à la navigation de ces peuples. Un même intérêt, par conséquent, les unit à la France : tous doivent former des vœux pour le succès de ses armes, et la Russie même ne devrait pas être étrangère à ce souhait si elle considérait tout ce que l'Angleterre, par l'occupation de Malte, peut apporter de trouble à son gouvernement de Corfou, à sa marine militaire et marchande dans la Méditerranée et dans la Mer-Noire.

CHAPITRE XL.

Renouvellement à Cherson, de la maison de commerce fondée en 1782. Motifs de la préférence donnée à ce port sur celui d'Odessa.

L'opinion publique présageait si affirmativement en Europe une paix durable à la France, que je m'occupai, immédiatement après notre traité avec la Porte, à faire revivre mon établissement à Cherson. Je l'unis d'intérêts avec celui que j'avais à Constantinople, en vue de l'utilité qui résulterait, pour tous les trois, de la position intermédiaire de ce dernier.

1803.

Quoique la place d'Odessa fût devenue beaucoup plus commerçante que celle de Cherson, j'avais préféré cette dernière pour le siége de mon établissement, et je n'ai voulu entretenir qu'un simple facteur à Odessa. La distance de l'une à l'autre ville n'étant que de cent quatre-vingts verstes (quarante-cinq lieues environ), espace qu'on peut parcourir dans vingt-quatre heures, l'un des directeurs de

—— l'établissement se rend à Odessa toutes les fois que quelque affaire y exige sa présence.

Mes motifs, pour donner la préférence à Cherson, étaient d'abord la connaissance exacte que nous avions du pays, l'ancienneté de nos liaisons avec ses habitans, l'abondance et le bas prix des vivres et du bois, la médiocrité de celui des loyers de maisons et de magasins, le changement survenu dans le climat de cette contrée, qui a acquis plus de salubrité, mais surtout l'avantage d'acheter les productions de la Russie arrivant à ce port, qui est pour elles un lieu d'entrepôt. Comme ces marchandises ne peuvent passer à Odessa que sur des allèges, les frais et les risques de leur transport en renchérissent le prix, de sorte qu'il y a plus de convenance à les exporter directement de Cherson ; ce que rend praticable le bureau de douane de sortie qu'on a laissé subsister dans ce port.

Celui pour la douane d'entrée y a été supprimé : son lazaret ayant été transféré à Odessa, les navires ne peuvent plus faire leur quarantaine à Gloubok et à Cherson ; il faut qu'ils s'arrêtent pour cet objet à Odessa, et y terminent le débarquement de leurs marchandises ; elles ne peuvent entrer à Cherson qu'après avoir acquitté les droits à Odessa, et le

navire qu'après avoir fait sa quarantaine dans —— 1803.
ce port.

Mais , d'un autre côté, Cherson est désigné pour l'un des quatre ports principaux de la Mer-Noire. Il est le seul chantier de construction pour la marine impériale, et le principal pour la marine marchande. Il doit cet avantage à sa proximité des pays d'où l'on tire les munitions navales, et à l'économie de leur transport par le Niéper. La construction des vaisseaux de guerre attire et emploie beaucoup d'ouvriers, et a exigé la présence d'une administration de marine. Il y a constamment, dans cette ville , dont la population s'élève de vingt à vingt-cinq mille ames, beaucoup de troupes de terre et de mer. Toutes les affaires civiles et militaires de la Crimée et de Cherson ressortissent au gouvernement établi dans cette ville , lequel seul en a la direction.

Les plaines immenses et fertiles qui avoisinent cette cité, produisent une grande quantité de blé et de légumes ; elles nourrissent de nombreux troupeaux de bœufs et de moutons ; ce qui procure, au commerce, du suif, de la laine et des peaux. Le bas prix des bœufs permet d'y en saler la viande pour l'exporter à l'étranger.

1803.

Il se tient deux foires à Cherson, l'une en mai, l'autre en septembre : des marchands russes y viennent de l'intérieur avec des denrées du pays, et prennent en échange des marchandises étrangères. Ces foires ne sont pas, au reste, bien considérables encore ; mais elles ne peuvent manquer de le devenir, car les marchands russes fréquentent en plus grand nombre Cherson qu'Odessa.

On sème du blé, dans le territoire de Cherson, en hiver et au printems ; celui qu'on recueille, provenant des semences de l'hiver, est préférable. Les achats de cette denrée se font avec plus d'avantage dans l'automne, qu'en toute autre saison.

Les habitans de Cherson, qui y possèdent des immeubles, peuvent faire construire ou acheter des bâtimens, et les faire naviguer sous le pavillon russe : ceux qui n'ont aucun immeuble, jouissent de la même faculté en fournissant une caution.

L'Angleterre vient d'envoyer un consul à ce port, et dans le même tems une maison de commerce anglaise s'y est établie. L'Autriche entretient, à Cherson, un consul, et la France un sous-commissaire.

Depuis le tableau que j'ai fait de Cherson au commencement de cet ouvrage, cette ville a été privée de son lazaret et du bureau de la douane d'entrée.

1803.

A ces dispositions du gouvernement, qui éloignent le commerce de ce port, se joint, pour décourager tout-à-fait, l'inconvénient résultant des bas-fonds du Niéper, à cette partie du fleuve nommée *Passage de Kisimis*, que ne peuvent franchir les navires qui tirent au dessus de six pieds d'eau.

Cependant ne faudrait-il pas à la Russie un autre port, outre celui d'Odessa, pour l'exportation directe, facile et économique à l'étranger, des denrées que produisent en grande quantité les vastes provinces que traverse le Niéper? Gloubok, situé à l'embouchure de ce fleuve, est indiqué depuis long-tems par les commerçans et par les navigateurs; mais des motifs que j'ignore ont fait jusqu'à ce jour écarter ce projet, susceptible sans doute de quelque inconvénient particulier.

CHAPITRE XLI.

Notions diverses sur Odessa. Ukases de l'empereur Alexandre, en faveur du commerce de cette place ; importance de son commerce en blé.

1804. Les vues et l'attention de Catherine II se fixèrent préférablement sur la ville maritime de Kojabey, dont ses conquêtes dans la dernière guerre avec les Turcs l'avaient mise en possession. Cette ville est située dans la Bessarabie, entre le Bog et le Niester, à l'ouest d'Oczakow, à neuf lieues de distance de ce port.

Celui de Kojabey cessera d'être considéré comme une rade, et sera très-sûr lorsque les ouvrages dont on s'y occupe maintenant auront mis les navires à l'abri des vents d'est : il peut contenir au-delà de six cents bâtimens marchands. Les grands froids de 1803 l'avaient glacé.

Le climat de Kojabey est vif ; l'air y est sain. En 1796, cette ville reçut de l'impératrice le nom d'*Odessa* : elle y établit un la-

zaret et des bureaux de douanes pour l'importation et l'exportation.

Le port, ou plutôt la rade actuelle d'O-
dessa, est dans une anse que domine une
hauteur où est bâtie la ville, offrant de ce
côté l'aspect d'un amphithéâtre. Elle est très-
bien percée : ses rues sont longues et larges ;
mais comme elles ne sont point pavées, et
qu'il y passe journellement un grand nombre
de charriots, la poussière ou la boue les rend
fort incommodes.

La rade est protégée par une citadelle. Pour
procurer aux navires un bon abri pendant
l'hiver, il a été fait une jetée. Le lazaret que
l'on construit y est contigu.

Odessa est heureusement situé pour le commerce de la Bessarabie, pour celui des Palatinats de Braslaw, de Podolie, de Volhinie,
et autres pays échus à la Russie dans les deux
partages de la Pologne. Plusieurs de ceux
passés sous la domination de l'Autriche et de
la Prusse peuvent s'y procurer des marchandises étrangères, et donner leurs productions
en échange ; mais pour que ces rapports ac-
quièrent plus de consistance et d'étendue, il
faut que le régime d'administration de ces
deux puissances y concoure, et seconde les
dispositions de l'empereur Alexandre Ier.

1804.

1804.

Ce prince a pris plusieurs mesures pour hâter les progrès du commerce d'Odessa : d'abord, à l'exemple de Catherine II, il a diminué d'un quart, en 1803, les droits établis par le tarif général sur les marchandises d'importation et d'exportation dans tous les ports de la Mer - Noire. Cette diminution est réelle sur l'exportation, car pour un compte de douane montant à 100 roubles, on ne paye que 75 roubles en assignations de banque.

Mais quoique cette bonification soit aussi de 25 pour 100 sur l'importation, il s'en faut de beaucoup que le résultat en soit le même. Cette différence provient du mode établi pour le réglement du compte des droits d'entrée. On est obligé de les payer en risdales effectives de Hollande, sur le pied de 140 copecks l'une, prix inférieur de beaucoup à celui qu'elles coûtent. Cette disposition de la loi sur les douanes a pour objet d'augmenter, par l'importation de ces espèces étrangères et la refonte à laquelle elles sont destinées, la quantité circulante de la monnaie d'argent du pays : elle accroît en même tems le produit des douanes de Russie. Mais comme, dans la plupart des ports de la Mer-Noire, il serait très-difficile et très-onéreux aux commerçans de se

procurer ce genre d'espèces , les douaniers y
sont autorisés à recevoir des assignations de 1804.
banque pour le paiement des droits , et afin de
compenser la différence existante entre la
fixation de leur prix dans le tarif, et la valeur
qu'elles ont dans le commerce , ils exigent 50
pour 100 en sus de la somme à laquelle s'é-
lève le compte de ces droits , déduction faite
du quart suivant la loi. Ainsi, par exemple ,
si ce compte monte à 100 roubles, on en dé-
duit 25 , et on ajoute aux 75 roubles qui res-
tent, 37 roubles et demi; ce qui porte à 112
roubles et demi la somme totale à payer en
assignations de banque.

Pour favoriser le commerce de transit par
Odessa, ce prince a rendu , le 5 mars 1804 ,
un ukase portant que toutes les marchandises étrangères dont l'importation à Odessa ,
par mer, est permise , et celles venant des
autres villes de la Russie , pourront passer en
transit, franches de tout droit; savoir : pour
la Moldavie et la Valachie , par les donanes de
Mohilow et de Doubasar ; pour l'Autriche ,
par Radzivilow ; pour la Prusse , par Ke-
zinky.

Il est dit encore que les marchandises étrangères, expédiées à Odessa par les quatre bureaux de douane ci-dessus, pour être expor-

tées , y jouiront d'un libre transit par mer , sous la retenue du huitième des droits qu'on perçoit dans ces bureaux à titre de consignation.

Les autres dispositions de cet ukase **sont** purement réglementaires.

Par un second ukase publié le même jour, il a été établi à Odessa un entrepôt pour les marchandises qui y arrivent par mer , et dont l'entrée est permise. Elles peuvent rester dans les magasins de cet entrepôt pendant dix-huit mois, sans payer de douane ; elles n'acquittent les droits d'entrée et les frais de magasinage que lorsqu'elles sont vendues pour être transportées dans l'intérieur de l'empire.

Cette faveur est d'autant plus importante , que les droits sur l'importation sont très-considérables en Russie, et que, pour pouvoir les acquitter , les négocians sont obligés de consacrer une partie de leur capital à cet objet.

Le commerce manquait à Odessa , d'espèces de cuivre : il s'était introduit un agiotage dans leur échange contre des assignations. L'empereur vient d'y établir une banque pour donner, au pair, de la monnaie de cuivre en retour de ce papier.

Pour fournir à la ville les moyens de sub-
venir aux dépenses que lui occasionnent les
travaux qui se font au lazaret et au port,
l'empereur Alexandre lui a accordé, entre
autres immunités et priviléges, celui d'affer-
mer à son profit la vente des eaux-de-vie, et
de retirer de la douane le dixième des droits
qui y sont perçus.

Ce prince a désigné Odessa pour l'un des
quatre ports principaux de la Mer-Noire, et a
nommé pour son gouverneur civil et militaire
M. le duc de Richelieu. Il l'a rendu indépendant dans ses fonctions, de sorte que ce gouverneur ne rend compte qu'aux ministres de
sa majesté impériale à Pétersbourg. Les habitans d'Odessa se félicitent chaque jour du
bonheur qu'ils ont de le posséder. Les étrangers qui affluent dans cette ville, éprouvent
constamment de la part de M. le duc de Richelieu, bienfaisance et protection.

Odessa a une bourse où se rassemblent tous
ceux qui ont à traiter ensemble d'affaires de
commerce et de navigation.

Les contestations qui surviennent en matière de négoce et de marine, sont soumises
au jugement d'un tribunal d'arbitres. Chaque
partie choisit le sien : si elles ne peuvent en

1804. convenir, le gouverneur d'Odessa les nomme d'office.

Il a été aussi ordonné récemment qu'on ne pourrait se servir que de connaissemens timbrés , dont la distribution serait faite par la douane , à qui on paierait , outre le prix du timbre , un droit de connaissement fixé à 1 pour 100 sur la valeur des objets qui y seraient mentionnés.

Pour se préserver de la maladie contagieuse qui passe pour régner presque sans interruption à Constantinople , dont les ports de la Mer-Noire ne sont séparés que par un court trajet , il a été établi un lazaret à Odessa , et on y fait subir une quarantaine de trente-cinq à quarante jours aux navires et aux cargaisons qui arrivent de la Turquie , n'eussent-ils fait qu'y relâcher.

On se conforme en général aux réglemens du bureau de santé de Marseille.

Cependant on y permet aux bâtimens d'effectuer , dès leur arrivée , l'entier débarquement de leurs marchandises ; de charger celles de retour quinze jours après leur entrée , par conséquent pendant leur quarantaine , et de partir , après avoir complété leur chargement, sans avoir communiqué avec la ville.

Toutes ces dispositions favorables au com-

merce n'ont pas jusqu'à présent compromis 1804.
la santé du pays, tant il y a de sagesse et de
prévoyance dans les mesures qu'on prend !

La poste aux lettres est bien réglée depuis
1783. Le port en a été diminué de moitié.
Toute la correspondance d'Odessa passe par
Brody, ville située dans la Gallitzie autri-
chienne. Les négocians de Marseille et d'O-
dessa y adressent leurs lettres à des maisons
de commerce, pour les leur acheminer respectivement, et ils affranchissent leurs paquets. Les lettres d'Odessa parviennent à Mar
seille dans l'espace de trente jours environ,
suivant les saisons.

La France a dans ce port de la Mer-Noire
un commissaire-général des relations commerciales. L'Autriche, l'Angleterre, l'Espagne, le roi de Naples, la république de
Raguse et celle des Sept-Isles y ont des consuls.

Le fond de la population d'Odessa est de
neuf à dix mille ames : elle paraît plus considérable en raison du plus ou moins d'étrangers qui y passent et s'y arrêtent ; ce qui varie
tous les ans. On y manque d'ouvriers ; le gouvernement ne néglige aucun moyen pour en
augmenter le nombre ; il accorde plusieurs
sortes d'encouragemens à ceux qui viennent
s'établir dans le pays.

1804.

Il se vend sur cette place, au printems, beaucoup de marchandises étrangères pour la consommation des anciennes provinces de la Pologne; mais la quantité qu'on y en a importée en 1803 a tellement surpassé leurs besoins, qu'en 1804 il y en a encore beaucoup d'invendues.

L'entrée des eaux-de-vie étrangères est sévèrement prohibée à Odessa. L'empereur vient d'y permettre celle du rhum, en l'assujettissant toutefois à un droit considérable.

Le blé de Pologne forme la principale branche du commerce d'Odessa. On a vu qu'il y a été chargé cinq à six cents bâtimens de cette denrée en 1803 : il y en a de deux qualités, le blé dur et le blé tendre; ce dernier est difficile à conserver dans la traversée : il paraît d'ailleurs qu'on ne le soigne pas assez dans les magasins d'Odessa.

Il n'y a été importé encore de la Pologne sur des charriots, et de la Russie par Cherson sur des allèges, que de petites quantités de suif, de chanvre, de lin, de cire, de laine, de potasse, de peaux de lièvres et autres articles; de sorte que l'exportation de ces productions ne forme pas un grand objet jusqu'à présent.

Il vient aussi du blé de Cherson à Odessa : on l'y charge sur des *tombases*, espèce d'allèges

lèges comparables aux nôtres , qui exigent
pour ce transport, depuis 40 jusqu'à 75 copecks
par chetvert. La durée de leur trajet dépend
des vents qui règnent. Tantôt ils passent d'un
port à l'autre du soir au lendemain , tantôt
ils emploient dix , quinze à vingt jours, quoiqu'il n'y ait que 180 verstes de distance (quarante-cinq lieues). Cette traversée ne présente
au surplus quelque risque qu'à la fin de l'automne.

En 1804 il est arrivé de Malte à Odessa plusieurs navires anglais en deux convois : ils y
ont embarqué du blé et huit cents barils environ de bœuf salé pour l'approvisionnement
de cette île.

Il est aussi arrivé de Mahon à ce port quelques bâtimens espagnols pour y charger du
blé : ils ont pris à Constantinople des expéditions napolitaines , parce que l'exécution du
traité entre la Porte et l'Espagne souffre quelques difficultés.

Indépendamment des moyens par lesquels
on se procure des fonds pour les achats ,
moyens que j'ai fait connaître en parlant de
Cherson , et qui sont les mêmes pour Odessa ,
on a la ressource d'y envoyer des piastres
fortes d'Espagne : on les vend très-couram-
ment à Odessa sur le pied de 160 copecks

—— environ ; et si on les fait passer à Moscou par la poste qui les assure à la prime de demi pour 100, on pourra en retirer un plus haut prix.

Il y a des acheteurs à Odessa pour toutes sortes de monnaies étrangères. Il passe de Brody et de Constantinople à cette ville, des piastres d'Espagne, des talaris à l'effigie de l'impératrice Marie-Thérèse, et des ducats de Hollande.

Odessa n'a encore de change établi avec aucune place de l'Europe.

Les contrats qu'on passe pour des livraisons de marchandises à des époques déterminées, doivent être enregistrés par le *macler* : c'est un courtier chargé de cette fonction par le gouvernement.

Il paraîtrait convenable d'obliger les marchands russes à remplir leurs engagemens envers les négocians étrangers avec la même exactitude qu'on exige de ceux de Pétersbourg ; mais convient-il dans ces commencemens d'écarter d'Odessa, par une application trop rigoureuse de la loi, ceux qui fréquentent cette nouvelle colonie ?

Les livraisons de blé du crû de la Pologne s'effectuent depuis le mois de mai jusqu'en août. Il en arrive quelquefois dans un jour

cinq cents, sept cents et jusqu'à mille charriots
traînés par des bœufs.

On est alors très embarrassé pour abreuver
cette quantité de bestiaux, parce que l'eau
des puits de la ville suffit à peine aux besoins
de ses habitans, et il faut aller en chercher
au loin.

Elle manque aussi de bois de chauffage,
et par conséquent il y est très-cher.

Il en est de même de la plupart des vivres.

Le nombre des maisons et des magasins
construits à Odessa, n'étant pas proportionné
encore à celui des habitans, des étrangers et
des affaires, il en résulte une grande cherté
dans les loyers.

L'habitation des maisons, dont la plupart
sont en pierres, n'est pas en général fort
saine, parce que l'on n'a pas pu employer de
l'eau douce à leur bâtisse.

Il est très-rare de trouver des bâtimens à
afréter à Odessa. On les afréte ordinairement
dans les places de la Méditerranée, où doivent
être transportées les cargaisons qu'ils vont
prendre dans les ports de la Mer-Noire.

Ils peuvent en partir pendant l'hiver ; mais
les évènemens funestes survenus à la plupart
de ceux qui ont tenté de naviguer dans cette
mer, en novembre et décembre, ayant dé-

couragé les navigateurs, ils passent cette saison rigoureuse dans le port, et ne le quittent qu'au mois de mars.

Les habitans d'Odessa , propriétaires d'immeubles ou qui donnent une caution, jouissent comme ceux de Cherson, de la faculté d'armer et expédier des navires sous le pavillon de Russie.

L'importance dont la ville d'Odessa est pour les ports de la Méditerranée, m'a paru exiger d'entrer dans tous ces détails.

CHAPITRE XLII.

Notions sur le commerce d'Oczakow, de Nicolaïew, de Kosolow, de Caffa, et de Taganrok.

Entre Odessa et Cherson se trouve Oczakow sur la route de mer, et Nicolaïew sur celle de terre. 1804.

Cette première ville étant aujourd'hui déserte et en quelque sorte abandonnée, je n'en ferai aucune mention : son port n'est plus regardé que comme un lieu de relâche.

Nicolaïew est situé au confluent des deux rivières, l'Ingul et le Bog, sur la rive gauche de celle-ci, qui a dans cette partie une lieue environ de large. Elle est à la distance de dix lieues environ de l'embouchure du Bog, à celle de trente d'Odessa, et de quinze de Cherson. Sa population est de quinze mille ames environ.

Son commerce se réduit à quelques exportations de blé que viennent charger des bâtimens qui remontent le Bog, très-profond et très-navigable jusqu'à Nicolaïew.

Ce qui donne de l'importance à cette ville, c'est qu'elle est devenue le principal arsenal de la marine impériale, et le siége de son gouvernement militaire et administratif pour toute la Mer-Noire.

Les ports de la Crimée, les plus fréquentés par les navigateurs et les plus commerçans, sont Kosolow et Caffa.

Il est superflu de parler de nouveau d'Anktiar ou Sevastopol, puisque dans ce port militaire, où se trouvent réunies toutes les forces de la Russie sur la Mer-Noire, des vaisseaux marchands ne peuvent entrer que par relâche pour réparer leurs avaries ou pour se mettre à l'abri de la tempête. La marine impériale est seule admise à y faire quarantaine.

Kosolow ou Gheuslevé fournit à la Natolie, à la Romanie et à Constantinople, du blé, du beurre, du suif, du sel, mais surtout une grande quantité de laine.

Sa rade étant découverte, les navires n'y sont pas en sûreté, surtout lorsque le vent souffle au sud-ouest.

Il vient de la petite Russie à Kosolow beaucoup de blé : les mêmes charriots qui l'y portent, en repartent ordinairement chargés de sel.

Les dispositions de la cour de Russie, en

faveur de Caffa, annoncent qu'elle veut y faire
refleurir le commerce. Elle y a établi un lazaret et des bureaux de douane pour l'entrée
et la sortie. Les bâtimens destinés pour les
ports de la Crimée sont obligés de faire leur
quarantaine à Caffa.

Il a été nommé un gouverneur particulier
pour cette ville, avec les mêmes attributions
données à M. le duc de Richelieu pour
Odessa.

Le principal commerce de Caffa consiste en
blé et en laines : il s'exporte aussi de petites
parties de cire, de suif, de beurre et de peaux
de lièvres.

Cette place consomme quelques-unes de
nos denrées, mais ce n'est encore qu'en petite
quantité. Trois ou quatre ans de paix suffi-
ront pour vivifier et agrandir ces relations
si le gouvernement de Russie continue à les
encourager.

Taganrok, par sa situation à l'extrémité de
la mer d'Azow, par ses communications avec
Moscou et avec Astracan, par la navigation
du Don et sa proximité du Volga, est une des
places les plus importantes pour le commerce.
Comme j'en ai déjà fait connaître les rapports
et qu'ils n'ont pas varié, je n'userai pas de
répétition. Des bureaux de douane pour l'im-

1804.

portation et l'exportation sont établis dans ce port. Il y est entré, en 1803, deux cents navires environ, chargés de diverses marchandises, dont la plupart ont été transportées à Moscou, et ces mêmes bâtimens sont repartis avec des productions russes pour différentes destinations : ils sont présentement obligés ainsi que leurs cargaisons, à faire quarantaine à Taganrok.

CHAPITRE XLIII.

Tarif de la douane; fret des marchandises; comptes simulés d'achat et de vente; tableau des monnaies, changes, poids et mesures nécessaires à connaître, et langue russe à apprendre. Mouvement du commerce de la Mer-Noire en 1804. Résultat heureux des exportations en grains.

L ɛ s négocians qui projetteront des entreprises dans les ports de Russie sur la Mer-Noire, doivent se procurer le tarif général des droits publiés à Pétersbourg en 1797. Il leur fera connaître ceux qui se perçoivent aujourd'hui aux douanes de Russie. Ce tarif leur présentera de plus un catalogue complet de tous les genres de marchandises dont se compose le commerce d'importation et d'exportation de cet empire : je n'en ai désigné que les principales et les plus recherchées, ayant jugé superflu de faire mention des autres. On trouve à la suite de cet Essai, un état des droits

1804.

anxquels elles sont assujetties. Ces droits et le prix dont on conviendra pour leur fret (1) sont indispensables à connaître pour éclairer les calculs des commerçans ; ils auront une idée des frais d'expédition et de vente par les quatre comptes d'achat et par les quatre comptes de vente simulés qui sont à la fin de cet ouvrage.

Je les fais précéder du tableau des monnaies, changes, poids et mesures de Russie.

S'il est essentiel d'apprendre à parler la langue du pays où l'on va s'établir, et d'en connaître les usages locaux, c'est surtout dans les nouvelles possessions de la Russie sur la Mer-Noire qu'il faut pratiquer ces deux conseils de l'expérience : on en reconnaîtra bientôt la nécessité et l'utilité.

En 1804, depuis l'instant où la saison avait permis de naviguer dans la Mer-Noire jusqu'à la fin du mois de juillet, il était passé

---

(1) On a payé cette année à Marseille celui des blés aux navires qui s'y sont afrétés pour Odessa, sur le pied de 12 francs la charge, correspondante à huit doubles décalitres, et 5 pour 100 de chapeau en sus, pour le capitaine : au moyen de ce prix, toutes les marchandises, chargées à Marseille par les afréteurs, ont été franches de fret.

par Constantinople deux cents bâtimens sous divers pavillons pour des destinations diffé- rentes. Je ne crois pas exagérer en évaluant à six cents le nombre de ceux qui auront été expédiés de cette mer dans le cours de la même année.

1804.

Ma conjecture à cet égard se fonde sur ce que la récolte des blés n'ayant pas rempli l'attente générale en Italie, en Espagne, en Barbarie, et ayant été fort abondante dans les provinces méridionales de la Russie, les expéditions de la Méditerranée pour la Mer-Noire, qui avaient été suspendues par l'incertitude où l'on était sur le produit des récoltes, ont été depuis fort actives : ainsi cette année encore les greniers de la Mer-Noire verseront leur superflu dans ceux de la Méditerranée, et y préviendront les maux qui naissent de la disette des grains et de leur excessive cherté.

Les ressources en blé que sont fondés à se promettre pour toujours les États de l'Europe qui ont des relations dans la Mer-Noire, sont telles, qu'ils seront désormais à l'abri du terrible fléau de la famine. C'est sans contredit le plus grand bienfait que pouvait procurer à l'humanité le rétablissement du commerce de la Mer-Noire.

CHAPITRE XLIV.

Considérations sur les effets résultans de la navigation et du commerce de la Mer-Noire pour les ports de cette mer, pour ceux de la Baltique et de la Méditerranée, et spécialement pour Constantinople et pour Marseille. Encouragemens à donner par la France et la Russie à leurs relations par la Mer-Noire.

1804.

IL me reste à considérer l'effet qu'a produit dans les ports de la Mer-Noire, de la Baltique, de la Méditerranée, et notamment à Constantinople et à Marseille, la prodigieuse activité qu'ont acquise dans les années 1803 et 1804 le commerce et la navigation de la Mer-Noire, et les suites qu'il est probable d'en espérer.

La Russie en a retiré les avantages suivans :

1°. L'agriculture a reçu des accroisemens immenses dans les anciennes et les nouvelles provinces méridionales de cet empire. Des plaines considérables autrefois infertiles produisent maintenant d'abondantes moissons. Le haut prix des grains, traités, arrhés souvent avant la récolte, enlevés à mesure qu'ils sont battus, excite la plus vive émulation parmi les cultivateurs, et les défrichemens continuent. Des blés qui n'étaient autrefois employés qu'à faire des eaux-de-vie, enrichissent aujourd'hui les propriétaires qui les vendent à l'étranger.

2°. La valeur de ces ventes à l'étranger surpassant infiniment celle des marchandises qu'on en reçoit, l'excédent a été payé en numéraire, et la balance du commerce de la Russie est en proportion beaucoup plus en sa faveur.

3°. Le cours du change de cet empire avec les principales villes de l'Europe a subi une révolution, et s'est singuliérement bonnifié à raison des traites fournies de Pétersbourg et de Moscou, pour payer les exportations par la Mer-Noire.

4°. Les droits de douane qu'on perçoit sur ce commerce procurent à la caisse impériale un surcroît de revenu considérable.

5°. Le revenu des postes aux lettres a été augmenté.

6°. La concurrence des ports de la Mer-Noire fait obtenir à la Russie, à meilleur marché les productions naturelles et d'industrie qu'elle est en usage de tirer de l'étranger. Elle se ressentira avec le tems, plus qu'elle ne l'éprouve aujourd'hui, de l'utilité de cette concurrence pour tout l'empire.

7°. Il se manifestera aussi beaucoup plus de rivalité pour l'achat de ses denrées, et ses sujets en profiteront pour les vendre plus chérement.

8°. Plusieurs d'entre eux ont fait construire des navires. Partie de l'équipage est composée d'indigènes. Ces exemples ne peuvent manquer d'exciter une grande émulation, et de procurer à la Russie dans la Mer-Noire une marine marchande nationale.

9°. Elle a aujourd'hui deux grandes routes ouvertes pour l'écoulement de ses productions, l'une au nord, l'autre au midi de l'empire. Si jamais elle avait une guerre maritime à soutenir dans la Baltique, son commerce n'éprouverait plus les dommages auxquels il était exposé avant le rétablissement de celui de la Mer-Noire.

10°. Tous les germes d'une grande prospérité se développent insensiblement dans les nouvelles villes, dans les nouveaux ports

qu'elle a fondés. Un beau ciel les féconde. ——
Qu'elle y accorde les soins les plus assidus, et 1804.
elle trouvera dans ces régions, avec le tems,
ce qu'elle desirerait de plus dans ses possessions septentrionales, en jouissances, en population, en industrie et en trésors.

La France peut plus y contribuer elle seule,
que toutes les autres nations réunies. La
Russie en aurait acquis la certitude sans notre
guerre actuelle avec l'Angleterre.

Le gouvernement russe a donc autant et
même plus d'intérêt que celui de France, à
faciliter les relations des deux États. Dans
cet objet, les gouvernemens respectifs ne
sauraient trop tôt s'occuper du renouvellement de leur traité de commerce, d'en faire
disparaître tout ce qui peut gêner ou entraver
les rapports des deux nations. La Russie, de
son côté, diminuera les droits qu'elle perçoit
sur les productions françaises, spécialement
ceux sur les vins ordinaires; elle rendra commune aux ports de la Mer - Noire la libre
introduction dont nos eaux-de-vie jouissent
dans ceux de la Baltique.

En réciprocité, la France ne fera sans
doute aucune difficulté de renoncer entiè-
rement au droit de consulat de 2 pour 100,

—— sur toutes les marchandises de Russie venant de la Mer-Noire à Marseille.

Au moyen de ces encouragemens, et d'autres à stipuler respectivement, la Russie verra se réaliser toutes les espérances qu'elle a pu concevoir du mouvement extraordinaire que, l'année dernière et celle-ci, son commerce a eu dans le Pont-Euxin.

Il faut ne s'en prendre qu'aux entraves, qu'aux dangers des guerres successives, si des exportations en munitions navales de quelque importance, si de plus considérables en toutes sortes de productions n'ont pas eu lieu. Le blé a obtenu la préférence, parce que l'achat, l'expédition et la vente en sont plus faciles et plus prompts.

Il vient cependant de me parvenir deux cents balles de laine, cent barriques de suif, et l'essai en bœuf salé d'un grand atelier qu'a monté mon établissement de Cherson à l'exemple de ce que je pratiquai en 1785 et 1786 ; il s'occupera des mâtures, des bois de construction, du chanvre, etc. ; mais pour se livrer à toutes ces branches de commerce, il faut jouir de la paix générale, et pouvoir compter sur sa durée, car ces entreprises exigent l'avance de beaucoup de fonds, et sont de longue haleine.

La

La concurrence se manifestera indubita- 1804.
blement pour l'exploitation de ces articles
comme pour les blés, et d'année en année les
rapports de ce nouveau commerce devien-
dront plus considérables, et les ports qui en
seront le théâtre, plus florissans.

Ainsi, dans la balance de ses intérêts généraux, la Russie verra compensée au centuple,
par les avantages que lui procurera son nouvel empire méridional, la faible diminution
que pourrait éprouver le commerce de ses
villes maritimes sur la Baltique, et ce grand
résultat doit l'emporter sur toute espèce de
considération.

Ces villes ne peuvent manquer de conserver
leurs relations naturelles avec les ports de
l'Océan, parce qu'il ne convient pas plus aux
commerçans de ces ports d'aller chercher
dans la Mer-Noire des productions de Russie,
qu'il ne convient à ceux de la Méditerranée
de faire un grand détour pour les aller prendre dans la Baltique.

Ce qui écartera surtout les premiers du commerce de la Mer-Noire, c'est que les marchandises qu'il fournit doivent subir une
longue et rigoureuse quarantaine, et elle ne
peut avoir lieu qu'à Marseille ou à Toulon,
attendu que la France n'a de lazarets que

dans ces deux ports. Il n'est pas à craindre
que le gouvernement français ouvre au nord
de l'empire une troisième porte à la peste.
Comme il serait difficile que la nature et l'expérience, qui ont tout fait pour mettre Marseille à l'abri de ce fléau, lui présentassent
autre part le même degré de sûreté, il n'es-
saiera pas d'une mesure capable de compromettre un jour la santé publique.

CHAPITRE XLV.

Obligation où sont les bâtimens de re-
lâcher à Constantinople, en allant
dans la Mer-Noire, et à leur retour.
Observations sur leurs deux qua-
.rantaines. Facilités accordées dans
Constantinople au commerce des
étrangers sur la Mer-Noire. Utilité
de ce commerce pour les Turcs.

Les deux quarantaines que subissent tour à
tour les bâtimens dans les ports de la Médi- 1804.
terranée et de la Mer-Noire, et qui leur font
consumer environ trois mois, dont ils n'emploient que quelques jours pour le débarquement de leurs cargaisons, ont pour cause
leurs relâches à Constantinople à l'effet dy
faire les déclarations d'usage à la Porte,
ainsi qu'au ministre de Russie, et obtenir
leurs passe-ports.

Quoique ces relâches soient de courte durée lorsque ces formalités ont été remplies par
les recommandataires des navires avant leur

1804. arrivée, elles ont toutefois cet inconvénient que le vent qui leur était favorable pour continuer le voyage , varie pendant le séjour et leur devient contraire ; et comme ils ne peuvent sortir de Constantinople , les uns pour la Mer - Noire, qu'avec le vent du sud , les autres pour la Méditerranée , qu'avec celui du nord, et que ces vents , une fois établis, durent plusieurs jours, même plusieurs semaines, suivant les saisons, il en résulte que ces relâches et ces quarantaines rendent souvent les traversées fort longues , et cette navigation plus dispendieuse.

Mais c'est ici un mal qui paraît sans remède , car on ne saurait jamais prétendre, ni la Porte consentir, à laisser passer et repasser tant de bâtimens sous les murs du sérail, dans un espace aussi étroit que le canal, sans les obliger à s'arrêter. D'ailleurs, la Russie exige, pour les admettre dans ses ports, que son ministre à Constantinople vise leur rôle d'équipage, le manifeste de leurs cargaisons, et leur délivre un passe-port.

S'il était possible que les formalités à remplir , tant envers la Porte qu'envers le ministre de Russie, pussent l'être *sans communication* , et avec la célérité qu'on éprouve pour le passage du Sund à Elseneur, où l'ex-

pédition des papiers d'un vaisseau est l'affaire
de trois ou quatre heures, alors cette navigation ne serait grévée d'aucune quarantaine :
devenue plus courte, elle serait moins dispendieuse, le fret diminuerait en proportion et
les marchandises aussi.

Pourrait-on espérer de la Porte une semblable facilité, en considérant qu'après avoir
refusé, en 1787, le passage d'une mer à l'autre
à des navires de commerce, sous le prétexte
mal fondé que leur tonnage surpassait celui
convenu par leur traité, elle l'a permis, en
1804, à cinq convois russes composés de sept
vaisseaux de ligne armés en flûtes ; deux frégates, deux corvettes, trois bricks et cinq
bâtimens de transport, conduisant six mille
hommes de troupes à Corfou ?

On sait que cette condescendance de la
cour ottomane envers la Russie a eu pour
motif le desir de vivre en bonne intelligence
avec cette puissance, qui d'ailleurs s'est étayée
dans ses demandes à la Porte, pour cet objet,
sur la protection qu'elles doivent en commun
à la république des Sept-Isles, conformément
à leurs traités.

Avant cette époque, la Porte avait fermé
les yeux sur les transbordemens de grains et
d'autres marchandises que faisaient, au détroit

des Dardanelles et dans la mer de Marmora, des navires venant de la Mer-Noire, destinés pour la Méditerranée, *et vice versâ.*

Elle a fait plus ensuite : elle a permis que ces renversemens d'une mer pour l'autre se fissent francs de tout droit dans le port même de Constantinople.

Il est devenu par cette facilité, un marché considérable en blé, car une grande quantité de navires vont en charger dans la Mer-Noire pour être revendu à Constantinople. S'il y avait dans cette capitale beaucoup de greniers à l'abri du feu, elle serait l'entrepôt le plus important de l'Europe pour le commerce des grains.

Les blés qui appartiennent à des étrangers, et les ventes qu'ils en font parmi eux, jouissent de la plus entière liberté. Le gouvernement turc semble ne pas considérer ces blés comme une ressource en cas de disette, parce qu'on pourvoit comme par le passé à l'approvisionnement de Constantinople.

En 1803 cette capitale a manqué entiérement de suifs. Mon établissement à Cherson en avait adressé quarante barriques à celui de Constantinople pour me les faire passer. Comme elles étaient chargées sur un navire turc, la Porte s'en empara pour être distribuées à des marchands, et elle voulait ne les

payer qu'au prix qui se trouvait fixé pour cet 1804.
objet de consommation; mais M. le maréchal
Brune lui ayant représenté que ce suif était
une propriété française, elle le fit payer au
prix du commerce. Je crois que c'est le premier exemple d'une réquisition de sa part ;
et probablement elle n'aurait pas eu lieu si
ce suif fût venu sous tout autre pavillon que
celui du grand-seigneur.

Elle souffre à regret que la Russie fasse
participer plusieurs de ses sujets aux priviléges
dont le pavillon russe jouit dans les mers ottomanes. Cet abus, sur lequel la Porte ferme
les yeux, a rendu fort nombreux les navires
russes qui fréquentent ses États. On y voit une
plus grande quantité de bâtimens autrichiens :
ils ont remplacé les Français et les Ragusais,
dont les vaisseaux couvraient les mers du
grand-seigneur en 1790.

Le passage d'une aussi grande quantité de
navires de toute nation est, sous quelques
points de vue, profitable à la Porte ; mais elle
retire plus d'utilité du commerce étendu et
animé que font ses sujets dans les ports de
Russie, où ils vont prendre en échange des
denrées de l'empire ottoman, plusieurs productions russes qui sont de première nécessité
pour Constantinople, tels que le fer, le caviar, le beurre, les toiles, le blé et autres.

CHAPITRE XLVI.

Rapports commerciaux de Trieste, Livourne, Gênes, Corfou, Messine, Naples, Barcelonne, Malte, Mahon, et particulièrement de Marseille avec les ports de la Mer-Noire.

—— 1804. Après la Turquie, c'est le port de Trieste qui a les plus grandes relations avec les possessions russes dans la Mer-Noire : il en retire beaucoup de blé et y fait passer diverses marchandises, mais en petite quantité.

Les rapports de Livourne sont les mêmes, ainsi que ceux de Gênes. Cette première place a reçu d'Odessa, en 1803, un grand nombre de cargaisons de blé; celles arrivées à Gênes ont été en moindre quantité.

Le port de Corfou fournit à ceux de la Mer-Noire, des huiles, des raisins secs, etc. et celui de Messine y envoie des vins, des oranges, des citrons, des amandes, des huiles et d'autres productions. Ils reçoivent en retour des blés, dont ils soldent la valeur en argent.

De Naples, de Barcelonne, de Malte et de

Mahon, il s'expédie dans la Mer-Noire des navires pour y charger des grains, et on envoie des espèces pour les payer.

J'ai fait connaître les progrès successifs des rapports commerciaux et maritimes du port de Marseille avec ceux de la Mer-Noire, depuis l'année 1784, époque où ils ont commencé jusqu'à leur interruption en 1787, occasionnée par la guerre survenue entre les Turcs et les Russes. J'ai fait connaître aussi les suites que ces rapports ont eues dans le cours de 1792, seule année de paix dont ait joui la navigation de la Mer-Noire jusqu'en 1802, et l'essor enfin qu'ils avaient pris dans cette année, il a été malheureusement suspendu au au mois de mai 1803 par notre guerre actuelle avec l'Angleterre.

J'ai du plaisir à faire observer que, malgré ce cruel obstacle, il s'est afrété à Marseille cette année 1804 dix bâtimens pour porter des vins dans la Mer-Noire, ainsi que plusieurs autres marchandises (1), et en retourner chargés de celles de Russie. Nul doute que des ports de cet empire, que de Cons-

1804.

----

(1) On trouvera l'état de la cargaison d'un de ces navires à la fin de cet ouvrage. A la paix, les draps de la Belgique formeront partie de ces exportations.

1804. tantinople et de l'Italie on ne donne à beaucoup d'autres navires la destination de Marseille, comme pays de consommation, d'entrepôt et de ressource.

Si dans l'espace de vingt-un ans, au lieu d'avoir été troublées pendant quatorze par la guerre, et de n'avoir joui que de sept années de paix, ces relations n'avaient jamais été interrompues, il est facile de juger, d'après l'activité qu'elles avaient acquise, du degré d'importance et d'utilité dont seraient aujourd'hui le commerce et la navigation de la Mer-Noire pour Marseille, en supposant que son port n'eût jamais cessé d'être franc.

CHAPITRE XLVIII.

Espoir du prochain rétablissement de la franchise du port de Marseille. Utilité dont elle sera à cette place, relativement au commerce de la Mer-Noire. Opinion sur les bases à adopter pour l'établissement de cette franchise. Confiance absolue dans les dispositions bienfaisantes de l'empereur pour Marseille.

L'ABOLITION de la franchise du port de Marseille, décrétée le 11 nivose an 3 (31 décembre 1794), a pour cause le nouvel ordre de choses qu'on voulait établir par la révolution. Le rapporteur du comité de commerce provoqua cette suppression, sur le fondement que *le régime de Marseille, relativement aux douanes, était contraire aux principes d'unité, de liberté et d'égalité, qui sont la base du gouvernement républicain.*

1804.

Ces principes sont bien opposés à ceux d'après lesquels Louis XIV, en mars 1669, rendit un édit sur le rapport du grand Colbert, pour déclarer franc le port de Marseille. Le préambule de l'édit de ce monarque porte *que les rois ses prédécesseurs, ayant bien connu les avantages qui pouvaient arriver à leurs États par la voie du commerce, et sachant que l'un des principaux moyens pour l'attirer était de rendre quelqu'un des premiers ports du royaume, libre et exempt de tous droits d'entrées et autres impositions, la ville de Marseille leur ayant semblé la plus propre pour y établir cette franchise, ils lui avaient accordé un affranchissement de tous droits; qu'il s'était convaincu de l'utilité dont était pour la France la franchise de Marseille lorsqu'elle était observée, et combien les étrangers ont profité de la surcharge des droits établis de tems en tems, en attirant chez eux le commerce qui s'y faisait.*

C'est encore ce qui arrive aujourd'hui à cette ville, après un espace de cent trente-cinq ans. Elle voit les ports francs qui l'environnent, Gênes, Livourne, Messine, Ancone, Trieste et Venise, lui enlever des

branches de commerce et de navigation, par- **1804.**
tager les autres, et être fréquentés préférablement par les navires étrangers.

Le gouvernement a cru arrêter les progrès
de la décadence du commerce de Marseille,
et le faire refleurir en établissant dans cette
ville des entrepôts fictifs et des entrepôts réels,
conformément aux lois des 6 messidor, 3 ther-
midor an 10, et 8 floréal an 11.

Quoique Marseille ait retiré le plus grand
fruit de cette mesure, l'expérience a prouvé
qu'elle était insuffisante sous plusieurs points
de vue, et qu'elle a manqué son objet si on
l'a supposée capable de tenir lieu à cette ville
de la franchise de son port, et de rapporter
conséquemment à l'État les mêmes avantages
qu'elle lui procurait autrefois.

On aime à voir dans l'établissement des entrepôts un premier et un très-grand pas, fait
par le gouvernement réparateur de l'an 8, pour
rendre au port de Marseille sa franchise, abolie
par le gouvernement destructeur de l'an 3.

Mais comme l'examen et la discussion des
inconvéniens de l'entrepôt et de l'utilité des
ports francs me conduiraient trop loin, que
le gouvernement est parfaitement éclairé sur
l'un et sur l'autre objet, je me bornerai à faire

observer que, s'il veut donner une grande extension à nos relations dans la Mer-Noire, attirer à Marseille les navires étrangers qui délaissent ce port par plus d'un motif, faire reprendre son ancien lustre à cette antique cité, justement considérée sous le rapport commercial et maritime, comme la première ville de l'empire et comme l'une des plus industrieuses de l'Europe (1), il ne saurait refuser au sentiment de l'intérêt national, à sa gloire, au bonheur des Marseillais, le rétablissement d'une prérogative (2) qui par

____

(1) Qu'il me soit permis de transcrire, à la fin de cet Essai, une Notice sur Marseille, tirée du fameux *Dictionnaire universel de Commerce*, par Savary, tom. Ier., pages 129 et 132.

(2) Mon opinion, au sujet de la franchise du port de Marseille, est que (sauf les modifications qu'exigent l'extrême importance du commerce national dans le Levant et dans les colonies, l'intérêt de l'agriculture et des manufactures françaises, branches d'industrie qui peuvent toutes être protégées par l'établissement d'un bureau de réexportation) cette franchise soit illimitée pour tout le reste, dans la ville comme dans son territoire ; que conséquemment toutes les marchandises qui ne seront point exclues par ces diverses branches, dont la conservation est si précieuse pour l'État et pour Marseille, puissent entrer librement dans le port de cette ville, et en

son ancienneté est regardée par eux à l'égal
de leur patrimoine.

Celui qu'ils y possèdent en immeubles, n'a
de valeur que par le commerce.

Les Phocéens trouvèrent le territoire couvert de pins ; leurs descendans l'ont défri-
ché ; mais il est si ingrat et sa valeur si dé-
chue, que, comparé maintenant au prix qu'il

---

sortir de même sans payer aucun droit, et sans autre
formalité que celle, de la part des capitaines, de remettre, à leur arivée et à leur départ, un état circonstancié
de leurs cargaisons.

Par cette grande mesure, qui réunit tout ce qu'on peut
desirer de plus avantageux et de plus favorable à la
liberté du commerce, toutes les nations verraient Marseille, comme un asyle libre et indépendant, comme une
foire franche, ouverte tous les jours de l'année, à leurs
productions, à leur industrie et à leurs vaisseaux, pendant
laquelle ils jouiraient d'une liberté et d'une protection
telles qu'on ne peut s'en promettre de semblables nulle
part.

Les ports où l'on est le plus libre, le mieux traité, où
l'on dépense le moins, où l'on trouve à vendre et à acheter avec plus de facilité, de célérité et de convenance,
sont ceux que préfèrent naturellement les commerçans
et les navigateurs étrangers ; et comme Marseille peut
leur offrir tous ces avantages, au moyen d'une franchise
telle que l'exige l'intérêt de l'État, nul doute que la plus
grande partie, par choix et par intérêt, ne donne in-

1804.

— a coûté, le revenu qu'il produit ne s'élève pas à 1 pour 100. Il en est de même des propriétés dans la ville. Oter à cette place le commerce et la navigation, c'est la priver de son existence.

Mais elle doit se rassurer : de petites considérations n'étoufferont plus les grandes ; le tems en est passé. D'après cette pensée, on

---

sensiblement à son port la préférence sur les autres.

Alors cette ville occupera la place, elle jouira des fruits que la nature lui a destinés ; elle deviendra l'entrepôt général du commerce de la Méditerranée ; elle sera le centre d'un mouvement immense, dont l'État retirera des avantages infinis et presque inappréciables, comparativement aux légers sacrifices résultans, pour la France, de cette mesure vraiment digne du héros dont elle s'honore.

Je considère, sous le même rapport, les petits intérêts qui pourraient souffrir à Marseille de ce nouvel état de choses.

Le gouvernement appréciera d'un coup d'œil l'utilité à retirer d'une part, et les inconvéniens à redouter de l'autre : en les balançant, il reconnaîtra que les avantages l'emportent à un tel degré, qu'il ne s'arrêtera point aux petites considérations dont on pourrait se prévaloir (et que je ne veux ni citer ni combattre) pour l'éloigner d'un projet qui doit tourner à sa gloire, opérer la prospérité de l'empire, rappeler le commerce à Marseille, et revivifier cette ancienne et intéressante cité.

a

a osé dire à l'assemblée du commerce, con-
voquée pour le don d'un vaisseau à l'État, 1804.
*qu'elle nous serait rendue, cette franchise
de notre port; que cette faveur était dans
les principes et dans le cœur du premier
Consul.*

Convaincu que l'une des plus douces jouissances pour l'ame de ce héros bienfaisant est
de porter ses regards sur les heureux qu'il a
faits, le collége électoral de Marseille a es-
péré que, *sensible à nos vœux, à notre
amour, ce chef de l'État,* aujourd'hui notre
empereur, *honorerait un jour ces contrées
de sa présence.*

Ce double espoir est trop cher aux cœurs
des Marseillais pour ne pas le retracer ici.

De siècle en siècle il naît un grand-homme :
celui à qui la France doit ses glorieuses destinées est un présent du ciel pour cet empire ; il a d'abord appartenu à Marseille par
son affection pour cette ville ; elle s'en fait un
titre pour solliciter de sa justice le rétablissement de la franchise de son port. Cette mesure bienfaisante de la part de l'empereur,
peut seule la faire jouir de la plénitude des
avantages dont elle a dû concevoir l'espérance par la liberté que sa majesté impériale

1804. a procurée au pavillon français de naviguer dans la Mer-Noire.

Pour moi, je serai trop heureux si mes efforts pour étendre le commerce de cette ville, si mon dévoûment sans bornes à ses intérêts et mon zèle à la servir m'obtiennent les suffrages et l'estime de mes concitoyens : mes derniers vœux seront pour sa prospérité, pour le bonheur de la France et pour la gloire de son souverain.

CHAPITRE XLVIII.

ÉTAT de la cargaison du navire nommé Alexandre Ier. *, commandé par le capitaine* François Rustani *, russe, expédié de Marseille à Odessa.*

SAVOIR :

283 barriques vin rouge.
334 caisses vins de diverses qualités.
 47 futailles huile d'olive.
200 caisses huile d'olive surfine.
250 caisses savon.
 30 caisses sirops.
15,000 briques.
150 bûches bois de marqueterie.
  1 caisse chocolat.
  8 corbeilles viande de pâte d'Italie.
  1 coffre-fort.
  1 caisse contenant une machine électrique.
  2 paniers vin.
 10 paniers bouteilles vides.
  2 caisses livres.
  1 caisse parapluies.
  4 caisses pendules.
  3 sacs amandes.
  1 caisse porcelaine.
  1 caisse tabac.
  1 caisse armes.
  1 caisse miroirs.
  1 caisse plumets.
  1 caisson parfumeries.
  1 caisse quincailleries.

CHAPITRE LXIX.

Tableau des monnaies, changes, poids et mesures de Russie.

MONNAIES.

En or . . . { L'impériale, valant 10 roubles.
La demi-impériale . 5
Le ducat 2

En argent . { Le rouble, valant . . 100 copecks.
Et des pièces de 50, 25, 15 et 10 copecks.

En cuivre . . Le cop. et des pièces de 10, 5, 3 et 2 cop.

En papier . { Des assignations ou billets de banque. Il
y en a de la valeur de 5, 10, 25, 50 et
100 roubles.

CHANGES.

Sur Amsterdam. { 1 rouble de 100 copecks pour re-
cevoir 30 sous courans, plus ou
moins, à 65 jours de date.

Sur Londres. . . { 1 rouble pour 31 deniers sterling,
idem à 3 mois de date.

Sur Hambourg . { 1 rouble pour 27 sous lubs banco,
idem à 65 jours de date.

Sur Vienne. . . { 1 rouble pour 80 kreutzers, *idem*
à 65 jours de date.

Sur Paris. . . . { 1 rouble pour 65 sous tournois, *id.*
à 70 jours de date.

N. B. *On tient les écritures dans toute la Russie, en roubles et copecks.*

POIDS.

La livre. . . . . { De 32 lots qui équivaut à celle de Marseille, et dont 100 font 82 livres poids de marc, et 40 livres $\frac{1}{2}$ décimale du nouveau poids de France.

Le Poud . . . . . qui est de 40 livres.

Le berkowitz . . composé de 10 pouds.

MESURES.

Pour les grains. . { Le chetvert, qui est de 9 pouds $\frac{1}{7}$. 100 chetverts correspondent à 125 charges environ, ancienne mesure de Marseille, et à 196 hectolitres $\frac{1}{7}$, nouvelle mesure de France.

Pour les liquides. { L'oxfod, composé de 6 ancres ou de 18 vederos $\frac{1}{7}$. — L'oxfod correspond à 240 pintes de Paris, — à 30 veltes de Montpellier, — à 1 barriq. de Bordeaux, — à 3 milleroles $\frac{1}{2}$ environ de Marseille, — à 228 litres $\frac{1}{4}$ nouvelle mesure de France.

Pour les longueurs. { L'archine, composée de 16 verschoks. 164 archines font 100 aunes de France, ancienne mesure, et 118 mètres $\frac{4}{5}$ de la nouvelle mesure.
Le pied. On se sert ordinairement de celui d'Angleterre, qui est de 135 lignes de France, dont 100 font 93 pieds $\frac{1}{4}$ de France, ancienne mesure, et 30 mètres $\frac{2}{5}$, nouvelle mesure de France.

Pour les distances. { La verste de 500 sagènes, et le sagène de 3 archines, équivaut à $\frac{1}{5}$ de lieue commune de France de 25 au degré, et fait 1 kilomètre $\frac{4}{10}$, nouvelle mesure de France.

CHAPITRE L.

Compte simulé d'achat et frais de mille chetverts blé, expédiés d'Odessa.

SAVOIR :

1000 chetverts blé, achetés à R⁵. 7 ½ . . . . . . 7500. //

Frais d'expédition.

Douane, à 10 copecks le chetvert . . 100. //
    Diminution à 25 pour 100 . . . 25. //

                                  75. //

Fanaux et accidens, à 3 pour 100 sur
    R⁵. 75 . . . . 2.25
Droit de connaissement, à 1 pour 100
    sur R⁵. 7500 . . . . 75. //
Papier timbré, à 2 pour 1000 . . . . 15. //
Magasinage, à un demi pour 100 . . 37.50
Censerie, à un demi pour 100 . . . . 37.50
Au commun, un huitième pour 100 . 9.37
Frais extraordinaires locaux, à 1 pour
    100 . . . . 75. //
Pour pallier et mesurer le blé, à 7 cop.
    le chetvert . . . . 70. "
Droit de mesurage pour la ville, à 2
    cop. et demi . . . . 25. "
Port du magasin à la marine, et de la
    marine à bord, à 20 cop. . . . . . 200. "
Sacs pour charrier le blé, à 6 cop. . . 60. '
Nattes, planches, clous, roseaux, etc.
    pour former le grenier . . . . . . 100. //

                                    781.62

                                 8281.62
Commission, à 2 pour 100 . . . . 165.62

                      R⁵. 8447.24

COMPTE simulé d'achat, et frais de cent balles chanvre, expédiées d'Odessa.

SAVOIR:

100 balles chanvre deuxième sorte, pesant ensemble
200 berkovitzs, à R⁰. 38 . . . . 7600. *

Frais d'expédition.

Douane, à R⁰. 1.40 le berkovitzs . .	280.	*n*
Diminution à 25 pour 100 . . .	70.	*n*
	210	*n*
Fanaux et accidens, à 3 pour 100 sur R⁰. 210	6.30	
Droit de connaissement, à 1 pour 100 sur R⁰. 7600	76.	*n*
Papier timbré, à 2 pour 1000	15.20	
Magasinage, à un demi pour 100 . .	38.	*n*
Censerie, à un demi pour 100	38.	*n*
Au commun, à un huitième pour 100 .	9.50	
Frais extraordinaires locaux, à 1 pour 100	76.	*n*
Déballer, emballer, braquer, à 20 cop. la balle	20.	*n*
Poids de ville, à 1 cop. le poud sur pouds 2000	20.	*n*
Port du magasin à la marine, et de la marine à bord, à 1 R.	100	*n*
	609.	*n*
	8209.	*n*
Commission, à 2 pour 100	164.18	
R⁰.	8373.18	

Compte *simulé d'achat, et frais de cent balles laine noire lavée, expédiées d'Odessa.*

SAVOIR :

100 balles laine noire lavée, pesant ensemble, net, pouds 1383 33, à R⁵. 2 et demi 3459.50

Frais d'expédition.

Douane, à 4 copecks le poud 55.36
Diminution à 25 pour 100 . . .   13.84
                                      41.52

Fanaux et accidens, à 3 pour 100 sur
   R⁵. 41 52 . . . .   1.24
Droit de connaissement, à 1 pour 100
   sur R⁵. 3459 50 . . . .   34.59
Papier timbré, à 2 pour 1000 . . . .   6.91
Magasinage, à un demi pour 100 . .   17.29
Censerie, à un demi pour 100 . . . .   17.29
Au commun, un huitième pour 100 .   4.33
Frais extraordinaires locaux, à 1 pour
   100 . . . .   34.59
Poids de ville, à 2 cop. par poud . . .   27.66
Toile d'emballage pour les 100 balles,
   et façon des balles, à R⁵. 3 et demi . 350. //
Port du magasin à la marine, et de la
   marine à bord, à 60 cop. la balle . 60. //
                                        595.42
                                     4054.92

Commission, à 2 pour 100 . . . .   81. 9

                          R⁵. 4136. 1

*Compte simulé d'achat, et frais de cent bar-
riques suif de Russie, expédiées d'Odessa.*

SAVOIR:

100 barriques suif, pesant ensemble, brut,
pouds 2576 $\frac{31}{40}$
    314 39 Tare des barriques pesées
          vides, séparément les
          unes des autres.

pouds 2261 32 net, à 4 R⁵. le poud .   9047 20

Frais d'expédition.

Douane, à 40 copecks le poud . .	904.40	
Diminution à 25 pour 100 . .	226.10	
	678.30	
Fanaux et accidens, à 3 pour 100 sur R⁵. 678 30	20.34	
Droit de connaissement, à 1 pour 100 sur 9047 20	90.47	
Papier timbré, à 2 pour 1000 . . .	18. 9	
Magasinage, à un demi pour 100 .	45.23	
Censerie, à un demi pour 100 . . .	45.23	
Au commun, à un huitième pour 100	11.30	
Frais ext. locaux, à 1 pour 100.	90.47	
Pour les 100 barr., à R⁵. 3¼ l'une	325. "	
Port à bord de l'allège, à 20 cop. la barrique	20. "	
Poids de ville, à 2 cop. le poud, sur 2262	45.22	
Pour cinquante-deux planches pour former le plancher	52. "	

                                  1441.65

                               10488.45

Commission, à 2 pour 100 . . . . . .   209.77

                  R⁵. 10698.62

CHAPITRE LI.

Compte simulé de vente de dix barriques café des îles, à Odessa.

SAVOIR:

10 barriques café des îles, pesant ensemble, net, pouds 220, à R^s. 36 . . . . 7920. *"*

Frais de vente.

Douane, à R^s. 3.20 cop. le poud . . . 704. *"*
   Diminution à 25 pour 100 . . 176. *"*
              528. *"*

Augmentation à 50 pour 100, à cause du paiement effectué en assignations de banque, tandis qu'il devait l'être en risdales effectives de Hollande . . 264. *"*
              792. *"*

Fanaux et accidens, à 5 pour 100 sur R^s. 792 . . . . 39 60
Fret de ces 10 barriques, à R^s. 6 . . . 60. *"*
Magasinage, à un demi pour 100 sur R^s. 7920 . . . . 39 60
Censerie, à un demi pour 100 . . . . 39.60
Au commun, à un huitième pour 100 . 9.90
Frais extraordinaires locaux, à 1 pour 100 . . . . 79.20
Port en magasin, à 1 R. la barrique . 10. *"*
Commission à 2 pour 100 . . . . . . 158.40
              1228.30

          R^s. 6691.70

COMPTE simulé de vente de seize ballots draps de la Belgique, à Odessa.

SAVOIR :

4 bal. drap de $\frac{10}{4}$ d'aune de large, mesure de Brabant,
cont. 39 pièces, tir. 1755 arch. à R^s. 6 $\frac{1}{4}$. 10968.75
4 *id.* . . . . . . $\frac{9}{4}$ *id.* . 46 *id.* . . . . 2070 *id.* . . . . 5 $\frac{1}{4}$. 10867.50
4 *id.* . . . . . . $\frac{8}{4}$ *id.* . 50 *id.* . . . . 2250 *id.* . . . . 4 . 9000. *"*
4 *id.* . . . . . . $\frac{8}{4}$ *id.* . 60 *id.* . . . . 2700 *id.* . . . . 4 $\frac{1}{4}$. 11475. *"*

16 ballots drap. . . . 195 pièces. . . 8775 arch. . . . R^s. 42311.25

Frais de vente.

Douane sur 8775 archines, à 30 copecks . . R^s. 2632.50
Diminution à 25 pour 100 . . . . 658.12

1974.38

Augmentation à 50 pour 100 , à cause du paiement
effectué en assignations de banque, tandis qu'il
devait l'être en risdales effectives de Hollande. 987.19

2961.57

Fanaux et accidens , à 5 pour 100 sur R^s. 2961
57 . . . . 148.10
Fret de ces 16 ballots drap, à R^s. 4 . . . . 64. *"*
Magasinage, à un demi pour 100 sur R^s. 42,311
25 . . . . 211.55
Censerie, à un demi pour 100 . . . . 211.55
Au commun, un huitième pour 100 . . . . . . 52.88
Frais extraordinaires locaux, à 1 pour 100 . . . 423.11
Port en magasin, à 1 R. par ballot . . . . 16. *"*
Commission à 2 pour 100 . . . . 846.22

4934.93

R^s. 37376.32

COMPTE *simulé de vente de vingt-quatre caisses vin de Champagne, à Odessa.*

SAVOIR :

24 caisses vin de Champagne, de 50 bouteilles l'une, contenant ensemble 1200 bouteilles, à R^s. 2 ¼ la bouteille . . . . R^s. 3300. *n*

Frais de vente.

Douane sur 1200 bouteilles, à 60 cop. 720. *n*
    Diminution, à 25 pour 100 . . . 180. *n*
____
    540. *n*

Augmentation à 50 pour 100 à cause du paiement effectué en assignations de banque, tandis qu'il devait l'être en risdales effectives de Hollande . 270. *n*
____
    810. *n*

Fanaux et accidens, à 3 pour 100 sur
    R^s. 810 . . . . 40.50
Fret de ces 24 caisses, à R^s. 3 . . . . 72. *n*
Magasinage, à un demi pour 100 sur
    R^s. 3300 . . . . 16.50
Censerie, à un demi pour 100 . . . . 16.50
Au commun, un huitième pour 100 . 4.12
Frais extraordinaires locaux, à 1 pour
    100 . . . . 33. *u*
Port en magasin, à 40 cop. la bouteille 9.60
Commission à 2 pour 100 . . . . . . 66. *n*
____
    1068.22

R^s. 2231.78

Compte simulé de vente de deux cents barriques vin de France, à Odessa.

SAVOIR :

120 barriques vin rouge de Provence, à
    Rˢ. 65 . . . .   7800. ″

40 barriques vin blanc *idem*, à Rˢ. 65 . .   2600. ″

10 barriques vin muscat ordinaire *idem*, à
    Rˢ. 65 . . . .   750. ″

10 barriques vin rouge de Roussillon, à
    Rˢ. 75 . . . .   750. ″

20 barriques vin blanc picardant de Lan-
    guedoc, à Rˢ. 70 . . . .   1400. ″
____

200 barriques vin de 1 oxfod l'une . . . . . . 13300. ″

Frais de vente.

Douane, à Rˢ. 15 la barrique de 1
    oxfod . . . . 3000. ″
      Diminution, à 25 pour 100 . 760. ″
                                  2250. ″

Augmentation à 50 pour 100 à cause
    du paiement effectué en assigna-
    tions de banque, tandis qu'il de-
    vait l'être en risdales effectives
    de Hollande . . . . 1125. ″
                                  3375. ″

Fanaux et accidens, à 5 pour 100
    sur Rˢ. 2625 . . . . 168.75

Fret de ces 200 barriques, à Rˢ. 3. 600. ″

Magasinage, à un demi pour 100
    sur Rˢ. 13,300 . . . . 66.50

Censerie, à un demi pour 100 . . . 66.50

Au commun, un huitième pour 100. 16.62

Frais extraordinaires locaux, à 1
    pour 100 . . . . 133. ″

Port de la marine au magasin, à
    40 cop. . . . . 80. ″

Commission à 2 pour 100 . . . . 266. ″
                                   4772.37

                            Rˢ. 8527.63

CHAPITRE LII.

Ét at des droits que paient aux douanes des ports de Russie sur la Mer-Noire, d'après le tarif de 1797, les marchandises suivantes, qui sont importées dans ces ports en plus grande quantité que d'autres.

Amandes . . . . R^s. — 8o cop.	le poud.
Anchois 5	par livre.
Café des îles 3.20	par poud.
Capres . . . . 1. //	par poud.
Drap fin 3o	par archine.
Fromage de Gruyère ou de Hollande 6	par poud.
Huile d'olive 6o	par poud.
Liqueurs . . . . 3o. //	par ancre.
Sirops de toute espèce 2.4o	par poud.
Sucre terré 3o	par poud.
Sucre raffiné en pains 2.4o	par poud.
Taffetas de Lyon . . . . 3. //	par livre.
Vin de Bourgogne 5o	la bouteille.
Vin de Champagne 6o	la bouteille.
Vin muscat ordinaire . . . . . 15. //	l'oxfod.
Vin blanc et rouge ordinaire . 15. //	l'oxfod.

ÉT A T des droits que paient aux douanes des ports de Russie sur la Mer-Noire, d'après le tarif de 1797, les productions russes ci-après, qui s'exportent de ces ports en plus fortes quantités que d'autres.

Blé. . . . . Rª. —	10	cop. par chetvert.
Bœuf salé.	5	par poud.
Bois de construction.	{ Il faut absolument consulter le tarif.	
Cire	1.20	cop. par pond.
Chanvre 1ʳᵉ. sorte. .	1 80	
2ᵉ. sorte. .	1.40	par berkowitz.
3ᵉ. sorte. .	1. ″	
Crin	50	par berkowitz.
Cuirs youffts	90	par poud.
Fer.	40	par berkowitz.
Fourrures.	{ Il faut absolument consulter le tarif.	
Laine noire.	4	cop. par poud.
Mâts.	{ Il faut absolument consulter le tarif.	
Nattes	12	cop. l'une.
Peaux de lièvres . .	17.50	par mille peaux.
Suif	4. ″	par berkowitz.
Soie de porc	48	par poud.
Tabac	3	par poud.
Toiles à voiles . . .	{ Il faut absolument consulter le tarif.	

OBSERVATIONS.

Parmi les marchandises dont l'importation est prohibée, et qui sont en grand nombre, on remarque :

Les eaux-de-vie ;

Les confitures ;

Les modes ;

La bière ;

Les bijouteries de plusieurs espèces ;

Les chapeaux ;

Les meubles de divers genres ;

Les rubans de soie de différentes sortes.

Les négocians qui voudront se livrer à ce commerce, comprendront, d'après cet exposé, combien il leur importe de se procurer un exemplaire du tarif des douanes de Russie, publié à Pétersbourg le 14 octobre 1797.

Ils trouveront dans cet Essai historique un précis des trois ukases qui dérogent à ce tarif en faveur des ports de Russie sur la Mer-Noire ; savoir : ceux du 5 mars 1803, qui établissent à Odessa un bureau de transit et un bureau d'entrepôt ; et celui du 1er. mai suivant, portant diminution du quart des droits de la douane d'entrée et de sortie.

CHAPITRE

CHAPITRE LIII.

Notice sur Marseille, ou fragment de l'article sur Marseille, du Dictionnaire universel de commerce , *par Savary, tome I, pag. 129 et 132.*

COMMERCE DE MARSEILLE.

« MARSEILLE est non-seulement la ville du plus grand commerce de toute la Provence, mais elle peut encore, par la richesse et la réputation de son négoce, le disputer à quantité des principales villes du royaume, qui l'emportent peut-être sur elle par beaucoup d'autres avantages. . . . . . .

» Rien ne peut davantage faire voir la solidité, la richesse et la grandeur du commerce des Marseillais, que les malheurs dont leur ville a été affligée depuis l'année 1720 jusqu'en 1722, malheurs sous lesquels toute autre que cette ville n'eût pas manqué de succomber. En effet, cinquante mille de ses habitans enterrés en moins de deux ans par

S

des maladies contagieuses , son port fermé
et toute communication interdite tant au
dedans qu'au dehors du royaume, ses vaisseaux et ses marchandises brûlés par les propres mains de ses marchands ou par celles
des étrangers ; en un mot, tout ce que la
contagion a de plns désolant et de plus
horrible , n'a pas été capable de lui rien
ôter de la réputation de son commerce ; et
elle s'est si bien rétablie en moins d'une année , que présentement le nombre des habitans y est plus grand qu'anparavant, ses magasins plus rémplis et son port plus fréquenté
qu'avant qu'elle eût éprouvé ce fléau terrible
de la colère de Dieu. »

*Priviléges accordés à la ville de Marseille,
en faveur de son commerce.*

PORT FRANC DE MARSEILLE.

» Bien avant que l'empire des Français se
fût établi dans les Gaules et que la Provence
fût devenue une de ses provinces, les vaisseaux de cette ville fameuse avaient porté
son négoce chez les nations les plus éloignées
de l'une et l'autre mer, et les richesses que
la bonté de son port, le nombre de ses na-

vires, la hardiesse et l'habileté de ses pilotes
et de ses matelots, et la sagesse de son gouvernement, y avaient attirées, l'avaient rendue si puissante, que Rome, déjà la maîtresse
d'une partie du monde, s'était fait un honneur de l'avoir pour une de ses premières et
de ses principales alliées.

» Depuis que, dans le quinzième siècle, Marseille, ainsi que le reste de la Provence, eut
été réunie à la couronne de France, les rois,
pour soutenir la réputation du commerce
d'une ville si importante, avaient affranchi
son port de tous droits ; mais cet affranchissement et ses priviléges avaient eu le sort
de la plupart des plus utiles et des meilleurs
établissemens, et en 1669, époque si remarquable pour le commerce et les manufactures
de France, Marseille était autant surchargée
de droits d'entrée et de sortie, qu'aucune autre
ville du royaume.

» Louis XIV, qui, depuis qu'il avait pris lui-
même le gouvernement de son État, faisait
une de ses principales occupations d'y faire
refleurir le négoce, pensa non-seulement à
rétablir la franchise du port de Marseille sur
l'ancien pied, mais voulut encore, en y ajou-
tant des priviléges et des avantages extraordinaires, y rappeler le négoce que la sur-

charge de tant de droits avait fait passer chez les étrangers.

» L'édit pour cet affranchissement et les lettres-patentes en exécution sont du mois de mars 1669, enregistrées au parlement de Provence les 9 et 12 avril suivant, etc. »

CHAPITRE LIV.

Observations nautiques sur la Mer-Noire, d'après lesquelles je recommandais de diriger la navigation de mes navires.

I.

Navigation de Constantinople à Cherson, à Kojabey (1) ou Odessa et en Crimée.

En partant de Constantinople pour remonter le canal jusqu'à l'embouchure de la Mer-Noire, il faut côtoyer l'Europe jusqu'à Arnaoud-Keuil, et passer, s'il est possible, en dehors des récifs ou petits écueils qui la bordent.

On mouille à Arnaoud-Keuil, et on met une amarre à terre, au Nord-Est, lorsque le vent n'est pas suffisant pour fouler les courans.

Après avoir passé les châteaux, le navire met en travers. Le bateau de la douane se pré-

____

(1) Depuis que les Russes ont fait la conquête de ce port, ils l'ont nommé *Odessa*.

sente , fait exhiber le firman du grand-seigneur et exige un droit.

Arrivé à la pointe du village de Tarapia , il convient de s'en tenir écarté et de naviguer du côté de l'Asie , où les courans sont moins rapides.

Si le vent est contraire dans cette partie, et s'il empêche le bâtiment d'aller sur Buyukderé , on pourra mouiller à la rade de Selrabournou , située sur la côte d'Asie , par cinq à six brasses d'eau , fond gravier.

On doit préférer de mouiller à Buyukderé sur la côte d'Europe , en mettant une amarre à terre toutes les fois qu'on le pourra : il y a de très-bons mouillages dans toute la longueur de ce village.

Celui de Serrusy , situé au Nord de Buyukderé , est plus sûr pendant l'hiver. On doit faire attention , dans ces parages , aux *deux bancs de roche* qui sont entre Buyukderé , Tarapia et la côte d'Asie , et tâcher de les éviter ; ce qui est très-facile par les indications qu'en donnent les marins du pays , qui fréquentent ces parages.

A l'embouchure de la Mer-Noire , il part des châteaux qui la commandent , un bas-officier turc pour visiter le navire , et se faire représenter le firman de la Porte.

Cherson est situé sur la côte Nord du Niéper, vers l'Est d'Oczakow, à seize lieues de distance de ce port turc, et à trois lieues et demie environ de l'endroit, où la rivière Inguletz décharge ses eaux.

La latitude de cette ville est au 46e. degré 38 minutes 30 secondes, et la longitude du méridien de l'*Isle de Fer* est de 50 degrés 19 minutes 45 secondes vers l'Est.

La variation de l'aiguille, dans la Mer-Noire, peut être estimée à 10 degrés 30 minutes : il convient cependant de l'observer, lorsque le tems le permet, attendu qu'elle a été trouvée à 9 degrés 30 minutes, et par fois à 11 degrés 30 minutes Nord-Ouest.

Mais si le tems s'y oppose et qu'on manque d'instrumens, on doit donner un quart de variation Nord-Ouest dans toute la navigation de la Mer-Noire. Les Turcs et les Grecs se servent en général, dans cette mer, du compas simple.

La latitude graduée est juste sur la carte réduite de la Mer-Noire, que M. Bellin dressa en 1772 pour le service des vaisseaux du roi, par ordre de M. de Boynes, ministre de la marine ; mais les échelles réduites en lieues de cette carte sur une latitude moyenne, sont inexactes. Il ne faut donc se servir que de la latitude graduée.

En partant de l'île des *Serpens* pour se rendre à Cherson, il faut cingler un quart et demi de plus vers l'Est, que la carte ne l'indique. Sans cette précaution, le navire court risque d'échouer, parce que la côte ressort beaucoup plus dans l'Est, que ne le designe la carte.

De l'embouchure de la Mer-Noire à Kilbouroun, château situé vis-à-vis de celui d'Oczakow, sur la rive gauche de l'embouchure du Niéper, il y a environ cent vingt lieues au Nord Nord-Est, 9 degrés Est sur un compas simple.

La Mer-Noire a environ deux cent quarante lieues de long, et quarante-deux de large dans la partie la plus etroite de son bassin.

Les grands fleuves qui y versent leurs eaux occasionnent dans cette mer plusieurs courans surtout en été. Les navigateurs doivent faire la plus grande attention à la dérive du bâtiment, au chemin qu'il fait, et s'ils le peuvent, à la direction des courans qui ne vont pas toujours de la même manière.

L'île des *Serpens* située en face des embouchures du Danube, est à la proximité et vis-à-vis de Kilbouroun Nord-Est et Sud-Ouest, à la distance de trente-cinq lieues environ. Les vaisseaux peuvent mouiller tout le long de la plage de cette île, à une médiocre distance. C'est une bonne relâche : on en part en tout tems et avec tout vent.

Les côtes d'Europe de la Mer-Noire n'ont pas des ports bien sûrs en hiver : il est sage, dans cette saison et même en été, de tenir toujours la mer.

On peut cependant relâcher au besoin à Kalekria. Le nom de cette rade, voisine de Varna, est écrit *Ghelegria* sur la carte de Bellin : on y mouille par les dix brasses d'eau.

Les ports de la Crimée offrent, en hiver, un asyle sûr et un abord très-aisé, notamment ceux de Caffa, Baluklava, Aktiar et Gueuz-levé ou Koslow. Les vents de Sud Sud-Est et Sud-Ouest, qui régnent assez fréquemment dans la Mer-Noire en janvier, février et mars, sont très-favorables à cette navigation : il ne faut que quarante-huit à cinquante heures de ces vents pour arriver de Constantinople en Crimée.

Ils sont moins orageux en hiver qu'en été : ceux qui sont contraires, c'est-à-dire, les vents qui viennent du côté du Nord, dissipent les brouillards et amènent avec eux, à l'exception du Nord-Ouest, un tems clair et des nuits étoilées.

Il convient aux bâtimens qui se rendent à Cherson, lorsqu'ils sont obligés par le tems de relâcher en Crimée, d'aborder de préférence, s'ils le peuvent, à *Aktiar* : ce port est vaste, commode ; son fond et son assiète le rendent extrêmement sûr en toute saison ; il peut contenir des flottes considérables ; les vaisseaux de ligne peuvent y mouiller sans danger, à peu de distance du quai ; il est plus voisin de celui de Cherson, que les autres. Aktiar est situé près de Baluklava, au Nord de son cap, à la latitude de 44 degrés 41 minutes 30 secondes. Il est au Sud-Est du port désigné sur la carte de Bellin, sous le nom de *Port Chorkota*, ou *Chapa* par les Grecs (1).

Le port de Cherson étant ordinairement pris par les glaces dans les premiers jours

---

(1) Après l'incorporation de la Crimée à son empire, l'impératrice fit passer tous ses vaisseaux de guerre au port d'Aktiar, et lui donna le nom de *Sevastopol.*

L'ambassadeur de Russie à Constantinople a fait part aux ministres étrangers, dans le mois de mars 1804, que d'après une décision de sa cour, du 15 du même mois, le port de Sevastopol servirait exclusivement à l'avenir à la marine de guerre russe ; qu'en conséquence les bâtimens de commerce n'y seraient reçus qu'en cas de relâche forcée.

de décembre, et le dégel n'ayant lieu que du 1ᵉʳ au 20 février, il faut que les bâtimens qui entreront dans la Mer-Noire en décembre, janvier et février, et qui seront destinés pour Cherson, se rendent directement à Aktiar, où ils demeureront à l'ancre jusqu'à ce que la navigation du Niéper soit libre.

Aussitôt après avoir mouillé à Aktiar, les capitaines doivent expédier un exprès à leurs recommandataires à Cherson, pour leur apprendre leur arrivée ; cet exprès peut être rendu à cette ville dans deux ou trois jours, et le bâtiment, s'il est ensuite favorisé par le teins, peut y arriver en vingt-quatre heures.

Voici la route à tenir en partant de Constantinople pour la Crimée, et la description de divers points de reconnaissance de Koslow et d'Aktiar.

En partant de Constantinople on tirera droit sur le cap le plus Ouest de la côte de Crimée, qui est extrêmement haut et coupé : ce cap sert à reconnaître Baluklava.

De ce cap, en tirant vers l'Ouest-Nord-Ouest, il y a encore une pointe dont la côte vient insensiblement en baissant dans la distance de quatre à cinq lieues. Pour lors on voit sur l'extrémité de cette pointe, qui est fort basse, une tour formée par un amas de pierres : on peut passer tout près et sans crainte à la distance de trois à quatre cables si le tems est beau : de là on pourra faire route pour Koslow, en tirant au Nord quart Nord-Est de douze à treize lieues; une petite risée de vent, en suivant cette direction, conduira à l'extrémité de l'enfoncement où est situé Koslow. Cette ville est très-reconnaissable à la distance de quatre à cinq lieues, par une grande mosquée avec son dôme, placée au milieu de la ville : il y a de plus cinq à six moulins à l'Est de la ville, et une douzaine à l'Ouest.

En approchant la côte on trouve un fond assez uni, depuis les vingt-cinq, vingt et dix-huit brasses. La côte de l'Est est très-basse, principalement en approchant de Koslow, car on ne voit guère plus que de grandes salines qui ressemblent fort à des écueils. Dès qu'on a reconnu cette ville on tire droit dessus, et l'on va mouiller en face par les quatre à cinq brasses d'eau. Il faut s'y affourcher Nord-Ouest et Sud-Est, parce que les traversiers sont depuis le Sud Sud-Est jusqu'à l'Ouest. S'il survenait un coup de vent du sud forcé, l'on ne conseillera jamais d'aller droit à Koslow ; mais dès qu'on sera sur la pointe basse dont il a été parlé ci-devant, par-dessus laquelle on découvre un amas de pierres, il faudra tirer vers l'Est, en rangeant cette côte à trois cables environ de distance, jusqu'à venir reconnaître Aktiar; ce qui est très-facile.

L'on reconnaît ce port-ci à des taches blanches qu'on y apperçoit au fond : on tire toujours dessus, en gardant la côte de près, et l'on vient y mouiller à l'abri de tous les vents. Sur la gauche de la pointe de l'entrée il y a un *bas-fond* qui s'étend un peu au large, et un *banc de sable*. Comme ce banc est sur l'eau et net tout autour, il convient de l'accoster; ensuite on laisse courir jusqu'à ce que l'on découvre le golfe. Quand on va jeter l'ancre on y mouille en face par les sept brasses d'eau, fond vase, bonne tenue. On peut rester facilement à cette place sur une ancre.

D'Aktiar à Koslow il n'y a que douze à treize lieues ; ainsi, en côtoyant et faisant route au Nord, on ne peut le manquer.

En supposant que le vent ne permette pas d'aborder les côtes de la Crimée, et que les bâtimens, empêchés d'entrer à Cherson par le tems ou par les glaces du Niéper, soient obligés de prendre port, il faut qu'ils tâchent d'arriver à Kojabey, désigné sur la carte de Bellin sous le nom de *Kodjea*. Ce port, situé à l'Ouest d'Oczakow, en est éloigné de neuf lieues : il se nomme présentement *Odessa*.

On le reconnaît de quatre lieues environ au large, à un fanal placé sur le cap du Sud. Il faut, en y entrant, s'en écarter de deux cables : on jette l'ancre dans ce port par les quatre à six brasses d'eau, fond de mate, petit sable : on doit y mouiller du côté du château.

Toutes sortes de bâtimens peuvent aborder à Kojabey : le mouillage de cette rade est sûr ; cependant comme ils y sont à découvert, ils ont à se préserver des vents d'Est, surtout pendant l'hiver.

Les navigateurs doivent être bien attentifs en s'approchant de l'île *Hate* et de Kilbouroun. On ne doit naviguer, dans ces parages, qu'avec une extrême précaution. Il faut avoir toujours la sonde à la main.

On reconnaît la proximité de l'île *Hate*, qui est désignée par le nom de *Pérézan* sur la carte de Bellin, à la qualité du fond ; il est de vase noire sans coquillages, à la distance de cinq à quinze lieues, cette île restant vers le Nord-Nord-Est.

Si le vent contraire obligeait d'aller reconnaître la côte vers Aktiar ou Baluklava, il faudrait, lorsqu'on en serait à la distance d'environ trente-six lieues, suivant le vent, diriger sa route au Nord-Ouest quart Nord ;

ce qui ferait reconnaître la terre. Après que l'on aurait fait douze lieues on serait Est Nord-Est, et Ouest-Sud-Ouest avec Kilbouroun, distant de dix lieues.

Il ne faudrait jamais aller par droite route de Baluklava à Kilbouroun, à cause des bas-fonds qui se trouvent sur presque toute la côte Ouest de la Crimée. Il est à propos de jeter la sonde de tems en tems, et de se méfier des courans, qui portent quelquefois avec rapidité dans le golfe situé entre la côte de Kilbouroun et la Crimée.

La pointe de Kilbouroun et l'embouchure du Niéper sont mal indiquées sur la carte de la Mer-Noire, par Bellin; leur position est différente, et il faut nécessairement recourir au plan du Niéper dès qu'on apperçoit l'île *Hate* et Kilbouroun, qui ne sont distans l'un de l'autre que de deux lieues environ.

La latitude de Kilbouroun est de 46 degrés 40 minutes, et la variation de l'aiguille y a été trouvée de 11 degrés 30 minutes; cependant au Sud de la Crimée, elle n'a été reconnue que de 9 degrés 30 minutes Nord-Ouest.

A la distance de vingt-cinq à trente lieues de Kilbouroun, et le long des côtes, depuis les bouches du Danube jusqu'à Oczakow, on ne trouve que de vingt à trente brasses d'eau, fond sable mêlé de gros coquillages, qui vont en diminuant à mesure qu'on approche de la côte.

Il faut observer qu'on ne peut la voir au Sud-Ouest de l'île *Hate*, que lorsqu'on se trouve par les quinze brasses environ fond de sable, à la distance d'environ six lieues, et avec un tems clair.

La côte de Kilbouroun, située au Sud de celle de Niéper, étant fort basse et remplie de bas-fonds, il faut toujours aterrer de cinq à six lieues à l'Ouest à mesure qu'on a reconnu la terre. Sa surface est basse, unie, sans arbres : on peut la côtoyer sur un fond de cinq à six brasses jusqu'à Kilbouroun, qu'on apperçoit facilement de trois lieues quand le tems est serein.

A la même distance on reconnaît au Nord Nord-Est de Kilbouroun la ville d'Oczakow, placée à l'embouchure du Niéper.

Quand on veut entrer dans ce fleuve, il faut côtoyer l'île *Hate* à un quart de lieue de terre environ, parce qu'*au Sud de cette île, et à la distance de demi-lieue environ, il y a un banc de roche sous l'eau*, qu'il faut éviter. On apperçoit une batterie sur la partie la plus élevée de cette île.

Lorsque son cap restera à l'Ouest, il faut

faire

faire route à l'Est, toujours avec la sonde à la main, jusqu'à ce que l'on soit Nord et Sud avec un petit mont situé sur la côte d'Oczakow, qui est pareillement en face de Kilbouroun.

Si le tems est contraire, il faut mouiller à cette direction. Il s'y trouve vingt-cinq à trente brasses d'eau vase noire; mais si le vent est favorable, l'on met le cap au Sud ou vers le château de Kilbouroun, ayant toujours la sonde à la main.

Lorsqu'on est Nord et Sud avec la petite colline située sur la côte du Nord, et que l'île *Hate* reste à l'Ouest, il faut mettre le cap sur le château de Kilbouroun, et tenir la même route jusqu'à ce qu'on découvre la côte de Kojabey par la pointe Est de l'île *Hate*, et à mesure qu'on l'apperçoit on doit la tenir toujours dans la même position. Pour lors elle oblige à venir peu à peu sur la gauche, jusqu'à mettre le cap au Sud-Est et Est Sud-Est; et lorsque le château de Kilbouroun reste au Sud quart Sud-Ouest, l'on revient encore peu à peu sur la gauche, jusqu'à mettre le cap à l'Est. On continue ainsi jusqu'à ce qu'on découvre, par le côté, en dedans du fort de la ville d'Oczakow, située sur la côte du Nord de l'embouchure du fleuve, et au bord de la mer, une mosquée qui est la plus haute de

T

la ville. Pour lors l'on peut venir sur la gauche, jusqu'à mettre le cap à l'Est Nord-Est, et même au Nord-Est. Ayant ainsi évité tout danger, il faut côtoyer la côte du Nord au tiers de distance de la largeur du fleuve, c'est-à-dire, que de trois quarts on doit en laisser deux de distance de la côte du Sud.

Si l'on ne pouvait reconnaître la mosquée, la plus grande et la plus élevée d'Oczakow, qui sert de guide pour la route, on se dirigerait tout de même lorsqu'on découvre par le dedans du petit château du bord de mer, qui est rougeâtre, le château situé à l'Est de celui de Kilbouroun, et qui est blanc.

Il faut observer que du côté d'Oczakow il y a un *banc de sable* couvert de cinq à huit pieds d'eau seulement, et que du côté de Kilbouroun est *une langue de sable* qui se croise avec le banc d'Oczakow; que conséquemment, pour entrer dans le fleuve, il faut enfiler le canal qui est entre les deux bancs ci-dessus. Ce canal a depuis dix-huit jusqu'à soixante pieds de profondeur.

Lorsque le château de la marine d'Oczakow restera par la grande mosquée de la ville, on aura évité les bancs de sable de ce côté-là, et on pourra mettre le cap, s'il était nécessaire, jusqu'au Nord Nord-Est.

La côte Nord du Niéper est plus nette que celle sud, excepté aux deux tiers du chemin d'Oczakow, près du Bog. Il y a, dans cette partie, *une pointe* dont il faut s'éloigner de demi-lieue.

Il faut aussi beaucoup écarter la côte et la pointe de Saint-Stanislas, et y passer à demi-canal pour ne pas s'échouer. Dès qu'on a doublé cette pointe, on va mouiller à tel fond que demande le vaisseau.

Il n'y a que les bâtimens qui tirent *six pieds à six pieds et demi* d'eau qui puissent remonter le Niéper jusqu'à Cherson.

Ceux qui tirent jusqu'à dix pieds, mouillent à Gloubok, à la distance d'un bon cable du môle : leur proximité de la terre facilite et abrège leur débarquement et leur chargement. Ceux dont le tirant d'eau excède dix pieds, mouillent en proportion à un plus grand éloignement du môle de Gloubok (1).

Les bâtimens qui tirent quinze pieds d'eau, doivent jeter l'ancre à la distance de demi-lieue de France, en parallèle du môle. Il faut se régler sur le plan du Niéper, examiner les profondeurs qui y sont marquées. Il est à

____

(1) Ce village est désigné dans les cartes marines russes sous le nom de *Gloubakaia Pristan*.

propos, pour plus de sûreté, que ces navires débarquent une partie de leurs marchandises à l'embouchure du fleuve avant de pénétrer plus avant, et qu'ils viennent terminer au même lieu leur cargaison de retour.

Gloubok n'est éloigné de Cherson que de sept lieues environ par eau, et de six lieues par terre. On passe, par cette dernière voie, d'une ville à l'autre en trois heures de tems. L'embouchure des îles du Niéper est distante de Cherson de quatre lieues environ.

Si, pendant l'hiver, un bâtiment se trouvait pris par les glaces dans le fleuve, il préviendra tout danger en se mettant à couvert derrière quelque pointe, pour que les bancs de glace que charrie le fleuve lors du dégel, ne puissent pas endommager le navire.

La quarantaine des bâtimens commence à Gloubok, et finit à Cherson lorsqu'ils peuvent y monter après avoir débarqué une partie de leur cargaison ; autrement elle se termine à Gloubok (1).

Aucun navire ne peut aller de Gloubok à Cherson qu'après avoir exhibé ses papiers au

---

(1) Le lazaret de Cherson ayant été supprimé, les navires sont obligés aujourd'hui de faire la quarantaine à Odessa.

commandant du vaisseau garde-côte appelé *Brancvak*, et les lui avoir fait viser. Avec sa permission, les bâtimens dont le tirant d'eau n'excède pas six pieds se rendent à Cherson ; les capitaines des autres y envoient leur canot.

I I.

NAVIGATION de Constantinople à Taganrok, port de Russie, situé dans la mer d'Azow.

On se rapporte, pour la navigation du canal de la Mer-Noire, depuis Constantinople jusqu'à l'embouchure de cette mer, aux observations faites sur ce sujet au commencement du chapitre premier.

De l'embouchure de la Mer-Noire à Baluklava, il y a environ quatre-vingt-dix lieues au Nord-Est quart Est, 5 degrés Est sur un compas simple. Cette route conduira à reconnaître le cap de Baluklava, dont la latitude est au 44e. degré 24 minutes. Ce cap est situé à l'extrémité Ouest de la côte Sud de la Crimée ; sa forme et sa situation le rendent très-reconnaissable ; il est haut, et paraît taillé sur son bout lorsqu'on le prend Nord et Sud à la distance de douze lieues. Toute la côte de la

Crimée peut se voir facilement de vingt lieues avec un tems clair.

Le cap de Caffa, en le prenant Nord et Sud à la distance de douze lieues, paraît isolé ; il forme deux golfes, l'un à l'Ouest, et l'autre à l'Est. C'est dans celui-ci que se trouve le port de Caffa. Il est bon avec tous les vents. En prenant ce cap Est et Ouest à la distance de dix lieues, il paraît taillé sur son extrémité, et peut être comparé au cap *Pouge*, avec la différence que le cap Pouge est noirâtre, et celui de Caffa est rougeâtre et beaucoup plus élevé.

Le cap de Baluklava se regarde avec celui de Caffa Est-Nord-Est et Ouest-Sud-Ouest, à la distance de dix-huit lieues. Le cap de Caffa et le cap *Cadjatar* se regardent Est quart Sud-Est et Ouest quart Nord-Ouest, à la distance de douze lieues.

Depuis le cap de Caffa jusqu'au cap Cadjatar le terrain est d'une hauteur moyenne, et forme plusieurs îles et golfes ; il ne faut pas trop l'accoster, à cause de plusieurs bas-fonds et des petits écueils dispersés sur toute la côte : on peut cependant y mouiller avec les vents du Nord, de dix à vingt brasses, à une lieue de distance de terre.

Le cap Cadjatar, quand on est Nord et

Sud à une distance de six lieues, paraît isolé, rougeâtre sur sa hauteur, blanchâtre et escarpé au bord de la mer ; son sommet, formant une table, y paraît conforme de quelque côté qu'on le prenne. De ce cap au cap *Takeli* la côte est de moyenne hauteur et blanchâtre : il n'y a que cinq à six brasses d'eau à deux milles de terre.

Du golfe de Yenikalé et de Taman pour aller aterrer sur Balustra, où commencent les bancs de sable de la mer d'Azow, il faut faire route Nord quart Nord-Est compas simple, à la distance de vingt-cinq lieues.

La pointe de Balustra est reconnaissable à des cabanes que des pêcheurs y ont bâties, et à des bancs de sable qui s'étendent une lieue au large.

La navigation de la mer d'Azow est impraticable en hiver : cette mer est prise par les glaces, depuis le mois de décembre jusqu'en mars. Il faut bien prendre garde de s'y trouver à cette époque et lors du dégel : les bâtimens y périraient infailliblement, surtout par le choc violent des bancs de glace qui viendraient se briser sur lui.

On ne saurait naviguer dans la mer d'Azow qu'avec le vent favorable, étant impossible de louvoyer à cause de la violence des courans, et par rapport aux bancs de sable dont cette mer est remplie.

Avant d'aller à Taganrok, il faut s'arrêter à Yenikalé pour y faire la quarantaine (1). Le passage du détroit de Taman, où est situé Yenikalé, est très-dangereux.

La mer d'Azow s'est principalement formée du résidu des eaux amenées par le Don, qui l'alimente continuellement. On les trouve plus ou moins douces et claires, selon les tems qui règnent. Elles sont retenues dans le bassin de cette mer, très-profond dans le centre, par les bancs de sable qui barrent le détroit de Taman d'un bout à l'autre, et dont la surface n'est couverte, en quelques endroits, que par quatorze pieds d'eau au plus.

I I I.

Navigation pour retourner de Cherson, de Kojabey ou Odessa, et de Taganrok à Constantinople.

Le retour de Cherson à Constantinople peut être effectué en soixante heures avec un bon

---

(1) Aujourd'hui les navires destinés pour Taganrok sont obligés de faire la quarantaine à Taganrok même.

vent du Nord. Il est superflu d'observer qu'on doit, pour sortir du Niéper et doubler l'île *Hate*, et Kilbouroun, suivre la route opposée à celle qui a été indiquée pour l'entrée.

Il faut quatre à cinq jours, avec un beau tems, pour arriver de Taganrok à Constantinople. Les aterrages sont dangereux sur toute la côte de la Romanie lorsqu'on s'y trouve avec le vent du Nord-Est ou de l'Est forcé. Quoiqu'on puisse prendre port, pour laisser passer l'orage, quand on a des pilotes pratiques, il est cependant plus prudent et plus sage de tâcher d'aterrer sur la côte de la Natolie, qui ne présente pas autant de dangers. On peut y prendre port, en cas de besoin, plus facilement et avec moins de risque qu'à celle de Romanie.

Quand on est en mer, à vingt-cinq lieues environ de distance des aterrages de Constantinople, et qu'on s'y trouve surpris par des tems nébuleux, orageux et violens, il convient de se mettre à la cape jusqu'à ce que le vent se soit calmé et le ciel éclairci, au point de pouvoir reconnaître la côte et l'embouchure du canal de la Mer-Noire.

Les navigateurs ne sauraient être trop en garde contre les *faux feux allumés* pendant la nuit à *Domousderé* et sur toute la côte de l'Europe ; ils sont cause que plusieurs bâtimens turcs vont s'échouer sur ces parages.

On doit aussi attribuer la perte de la plupart de ces navires (appelés *saïques*), à leur forme, qui les rend incapables de tenir la cape et de louvoyer, et surtout à la manière de faire vent arrière, et d'arriver des bouches du Danube à l'embouchure du canal.

Nos navires étant construits différemment, et les capitaines qui les commandent étant versés dans l'art de la navigation, ils ne courent pas les mêmes dangers que ceux des Turcs. Il faut toutefois que les capitaines observent avec soin et continuellement la situation où ils se trouvent avec le canal de Constantinople, parce que, si on mettait à la cape de trop près, les courans porteraient le bâtiment sur la côte.

Les navigateurs, qui l'ont fréquentée, ont observé qu'on peut reconnaître les parages où le bâtiment se trouve, par la qualité du fond que rapporte la sonde. Il varie de distance en distance, en raison de la situation et du courant des grands fleuves qui se jettent dans cette mer, et qui tous charrient un sable différent.

Au Sud-Ouest de l'île des *Serpens*, à la distance d'environ six à dix lieues, le fond est de coquillage noir, sans sable, et d'environ vingt-deux brasses, au Nord-Est de cette île, il est petit coquillage brisé grisâtre, mêlé avec du sable.

Au Sud-Est de la même île, et à la distance ci-dessus, le fond est de coquillage gris et blanchâtre.

Étant au Sud Sud-Ouest de l'île *Hate*, à la distance de cinq à quinze lieues, le fond est vase noire sans coquillages.

Du côté de la Crimée il est de coquillage grossier, mêlé de petites pierres, et les eaux y sont plus blanches qu'aux autres endroits.

La qualité des fonds, la direction des courans, la couleur des eaux, doivent exciter toute l'attention des navigateurs, et leur servir en partie de guide. Ils auront bientôt reconnu que l'on a exagéré les risques de cette navigation.

Ce n'est ni la violence, ni l'impétuosité des vens, ni leur inconstance qui la rendent dangereuse : elle l'est en effet lorsqu'il survient des pluies, que la neige tombe et qu'il gèle. Alors les agrès du bâtiment étant roides et glacés, l'équipage transi de froid, on ne peut plus manœuvrer ni diriger le navire ; il navigue au gré des vents et des courans, et, obligé de faire côte, il risque de naufrager.

C'est à la fin du mois de novembre , et pendant ceux de décembre, janvier et février, qu'il faut craindre d'être surpris dans la Mer-Noire par ces mauvais tems.

Lorsqu'ils sont doux, on peut y naviguer en toute saison. Si l'hiver n'est pas rigoureux, il y a moins de risques dans les mois de janvier et de février , parce qu'alors le vent a pris une direction.

Il paraît que c'est la quantité de brouillards dont les côtes de la Mer-Noire sont la plupart du tems chargées et couvertes , et particuliérement la profonde obscurité du ciel dans les tems orageux , qui l'ont fait surnommer *Noire*.

On sait que cette mer est formée par les eaux de celle d'Azow , qui y descendent en traversant le détroit de Taman, et par les différens fleuves qui se jettent dans son sein , tels que le Niéper, le Danube et le Niester.

Au reste , malgré le secours qu'on peut retirer de ces observations , la prudence invite à prendre, dans un premier voyage , un bon pilote du pays , tant à l'entrée qu'à la sortie de cette mer.

FIN.

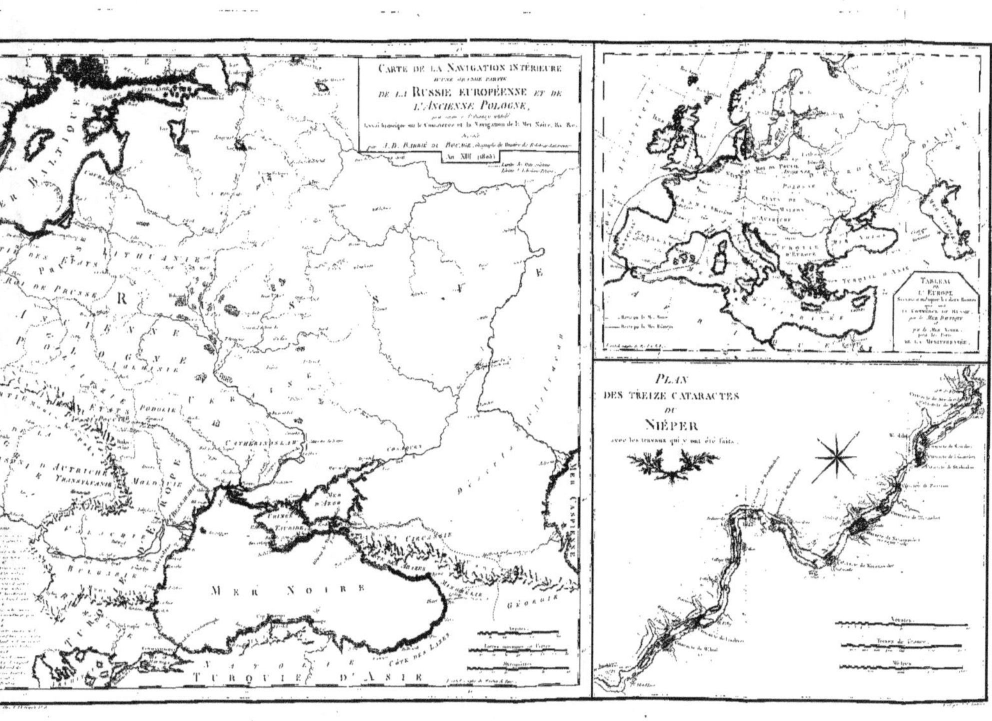

CARTE DE LA NAVIGATION INTÉRIEURE
D'UNE GRANDE PARTIE
DE LA RUSSIE EUROPÉENNE ET DE L'ANCIENNE POLOGNE,
Essai historique sur le Commerce et la Navigation de la Mer Noire, &c. &c.
par J. B. BARBIÉ DU BOCAGE, Géographe
An XIII (1805)
TABLEAU DE L'EUROPE
PLAN DES TREIZE CATARACTES DU NIÉPER
avec les travaux qui y ont été faits.
MER BALTIQUE
LITHUANIE
ROI DE PRUSSE
POLOGNE
VOLHINIE
UKRAINE
PODOLIE
CATHERINOSLAW
AUTRICHE
TRANSILVANIE
MOLDAVIE
BULGARIE
TURQUIE D'EUROPE
GÉORGIE
CIRCASSIE
MER NOIRE
TURQUIE D'ASIE
MER CASPIENNE
CÔTE DES LAZES

ERRATA.

Page 5, *ligne* 15, *au lieu du* ; *mettez une* ,

Page 6, *ligne* 9 ; *au lieu de* Kosalow, *lisez :* Kosolow.

Page 7, *ligne* 7 ; *au lieu de* en quantité, *lisez :* et en quantité.

Page 7, *ligne* 7 ; *au lieu de* matières, *lisez :* mâtures.

Page 26, *lignes* 4 et 5 ; *au lieu de* entrant et sortant, *lisez :* à leur entrée et à leur sortie.

Page 32, *ligne* 25 ; *au lieu de* de la Baltique, *lisez :* par la Baltique.

Page 38, *ligne* 17 ; *au lieu de* elle, *lisez :* cette ville.

Page 38, *ligne* 19 ; *au lieu de* cette ville, *lisez :* elle.

Page 39, *lignes* 18 et 19 ; *au lieu de* établis à Cherson, *lisez :* de Cherson.

Page 60, *ligne* 20 ; *au lieu de* culture, *lisez :* agriculture.

Page 78, *ligne* 9 ; *au lieu de* actuelle , *supprimez ce mot.*

Page 107, *ligne* 17 ; *au lieu de* pour aller ou revenir de la Mer-Noire à la Méditerranée, *lisez :* pour aller de la Mer-Noire à la Méditerranée , ou de la Méditerranée à la Mer-Noire.

Page 112, *ligne* 11 ; *après* Mer-Noire, *ajoutez : et vice versâ.*

Page 127, *ligne* 11 ; *au lieu de* était, *lisez :* étaient.

Page 128, *ligne* 2 ; *avant* il , *ajoutez :* dont.

Page 164, *ligne* 3 ; *au lieu de* ses, *lisez :* ces.

Page 226, *ligne* 21 ; *au lieu de* ceux, *lisez :* d'eux.

Page 232, *ligne* 9 ; *au lieu de* quarantaina, *lisez :* quarantaine à.

Page 241, *ligne* 3 ; *supprimez le mot* et.

Page 260, *ligne* 10 ; *au lieu de* cop., *lisez :* copecks.

Page 269, *ligne* 7 ; *au lieu de* vin muscat ordinaire *idem* , *lisez :* vin muscat ordinaire de Languedoc.

Page 286, *ligne* 1 ; il se nomme Odessa : *placez ces mots entre deux parenthèses.*

Page 288, *ligne* 10 ; *au lieu de* Niéper, *lisez :* du Niéper.

Page 299, *ligne* 2 ; est petit, *lisez :* est de petit.